董明珠

女人真想干点事，谁也拦不住

张绎 ◎ 著

華文出版社
SINO-CULTURE PRESS

图书在版编目（CIP）数据

董明珠：女人真想干点事，谁也拦不住 / 张绛著.
-- 北京：华文出版社，2018.3
 ISBN 978-7-5075-4814-3

Ⅰ.①董… Ⅱ.①张… Ⅲ.①董明珠—生平事迹
Ⅳ.①K825.38

中国版本图书馆CIP数据核字（2017）第304558号

董明珠：女人真想干点事，谁也拦不住

著　　者：	张　绛
出版策划：	范勇毅
责任编辑：	王思惠
出版发行：	华文出版社
社　　址：	北京市西城区广外大街305号8区2号楼
邮政编码：	100055
网　　址：	http://www.hwcbs.com.cn
电　　话：	总 编 室 010-58336239　　发 行 部 010-58336267
	责任编辑 010-58336209
经　　销：	新华书店
印　　刷：	北京柯蓝博泰印务有限公司
开　　本：	710×960　1/16
印　　张：	14
字　　数：	168千字
版　　次：	2018年3月第1版
印　　次：	2018年3月第1次印刷
书　　号：	ISBN 978-7-5075-4814-3
定　　价：	39.80元

版权所有　侵权必究

序言：我就是不服输

我从来没有错，我从不认错……！

我绝不唯唯诺诺！

工作就是工作，生活就是生活，工作中没有柔情，就像打仗一样，在战场上能用柔情来解决问题吗？必须用严格的制度和纪律来完成。

不能坚持原则的人，一定是有私心的。我没有一点儿私心，所以我能坚持原则。

这些霸气十足的话，都出自于董明珠之口。

2012年，她是集格力集团、格力电器所有权力于一身的格力总裁，是商界叱咤风云的人物，也是前格力总裁朱江洪最信任的接班人。自2012年至2016年，短短四年，她带领格力走向了又一个新的辉煌，实现了又一个千亿目标，每年向国家缴纳一百多亿税款。她是销售员出身，却重产品研发，在技术投资方面上不封顶。

在她和朱江洪的带领下，格力从一个默默无闻的小公司，成为国内家电销售千亿元大公司。2015年，她倡议并亲自为自家公司代言，使格力肩负起"让世界爱上中国造"的中国品牌形象，轰轰烈烈地走向了世界，赢得了"世界500强企业"的荣誉称号。

外界对董明珠的印象是,她敢作敢当,很严厉也很霸道,甚至说狠戾、六亲不认,从她的语录中我们也可见一斑。有人说她自恋,有人说她傻,也有人说她偏执狂。

我则认为,一个真正成功的企业家,她身上必须具备所有的特征。既要有别人误以为的"自以为是""嚣张"和心疼、崇拜她的人评论的"傻",也要有成功者通有的"偏执狂"的本性。这不是谁想学就能学得来的。

"自以为是",某种意义上讲是一种自信。一个自卑、怯懦且毫无自信人云亦云没有主见的人,永远不可能"自以为是"。"自以为是",只是她敢做别人不敢做,敢想别人从未想的表面现象。董明珠的"自以为是",基于心系格力。她拿出十万分的努力去使它不断得以发展和壮大。想打造百年企业,离不开她"自以为是"的蓬勃野心。所以她允许自己犯错误,她比别人更自觉、更自律,敢于担当,她乐意这样的"自以为是",这已成为她的骄傲之处。

说她"傻"的人大多是了解她的,也有些甚至是惺惺相惜。因为"傻人傻福"嘛。傻是什么?是别人面对恶势力低头时,她敢为了大家的利益站出来,不怕得罪人,且顽固抗争到底;是发现问题,决不手软,坚持原则;是不摆空架子,不炒作糊弄,不偷工减料;是对一种单纯的东西不顾一切的捍卫,并且尽自己最大努力将它贯穿于生活与工作中,是明白这单纯要付出什么样的代价,却依然不改纯真本性,并且以此为傲;是为了别人付出,而自己却从不牟取巨大利益,乐开花地享受那付出的价值,却不在意金钱多少与付出之间的比例;是有伟大梦想,知道实现这梦想非常艰难,洞穿一切,却依然能想得通、拿得起、放得下,一百次跌倒也能一百零一次地站起来;是懂得游戏规则,也能避开让自己厌恶的潜规则;是心怀大家,要跟所有人一起走下去,却又不让自己深陷羁绊以致损害他人利益。

在一般人看来，"偏执狂"是一种心理病症，是一种集焦躁不安与固执己见于一身的必须改正的坏毛病。持这种想法的人不少，那是因为他们没有理解偏执狂的精髓所在。英特尔创始人安迪·格鲁夫说过一句名言："只有偏执狂才能生存。"仔细回味一下诸多的成功企业家，有哪一个不是偏执狂？哪一个是人们口中所谓的"中庸之道的和事佬"？个性不足以鲜明的人，某种程度上是做不成大事的，因为他们没有那个魄力和魅力带领企业走向辉煌，更不会使它流传百世。董明珠身上的"偏执"就体现在她懂得不停地反思，当格力取得巨大成就时，她患上了"焦虑症"，她没有为成绩过多沾沾自喜，而是憧憬着格力的"下一个千亿目标"；当别人希望自己的产品接受检测时能适当受到点儿"照顾"，她却说"你们对我越严格越好，不好的全给我退回来"；公司开会总结时，她讲的最多的也是各种"不好"，她认为过去的成绩已经过去，只有不断认识并反思自己的"不足"，才能进一步取得更好的成绩；当别人偷工减料、用降价的方式促销产品时，她坚决生产高质量产品，哪怕不降价，哪怕面临产品积压仓库的危险，她也坚持己见；她敢于发出那掷地有声的一声呐喊，甚至敢于把相关部门告上法庭；当别人墨守成规，她敢于打破常规，敢于裁掉居功自傲的大客户，敢于掌捆经销商，敢于跟渠道大鳄说"拜拜"，敢于挑战市场"先货后款"的方式，敢于颠覆一切不合理规矩。

没有这种"异类"品质，董明珠不可能从一个36岁的普通销售员，做到年销售额上千亿元大公司的总裁，更何况，这是一个男性主导的商业世界。让自己成为行业的领导者，不是跟别人打架打出来的，也不是盗取别人技术或者挖掘别人人才获得的，而是靠她跟自己挑战做到的。

"木秀于林，风必摧之"，中国是一个讲究人人不做出头鸟的地方，太出风头就容易遭人妒忌，甚至是算计。笑里藏刀、阳奉阴违、口蜜腹剑的故事我们听得太多，不少人年少时就已老成而世故，早就学会了夹起尾巴乖乖做人，圆滑处事。董明珠何其聪明，她难道不明白这个道理？

正因为她内心有自己的信仰、原则，所以她才敢做商界花木兰，且对一切质疑声不屑一顾。她知道前行的路上必然要顶风冒雨，只有经得住各种考验、稳得住自己内心的人，才能守得住自己的梦想，才能让梦想拨云见日。

作为一位单身母亲，26年的时间，董明珠把她所有的青春光阴全部奉献给了格力，自己的终身大事，她也没再考虑过。从漂泊的外来妹到执掌国企，这其中的辛酸与汗水，岂是三言两语所能说得清？我们看到的只是她今日的成功，身上闪烁的光彩熠熠，却不知那背后的付出，远超出我们的想象。

2016年是实体经济与虚拟经济继续冲撞、"野蛮人"频频复苏举牌之年，这一年，商界动荡不安。董明珠在卸任格力集团董事长、收购珠海银隆失败、遭遇"野蛮人"趁火打劫、实体制造业面临重大冲击之后，心知改革之路迫在眉睫。她用一如既往的骄傲与顽固，给了所有支持她的人一个美好的回馈，让他们长舒一口气、终于心安，也给了那些试图过河拆桥、卸磨杀驴、趁虚而入的人一个有力的回击，让他们再次领教她的骄傲。关于她的正面报道一时纷纷而来。这源于她内心所坚守的那一份骄傲。她是勇士，她只会越挫越勇。

因为，对于逆风飞翔的女子来说，虽说至柔至美，是一种天赐的福力，但她们更懂得，刚强自立、倔强闪耀才是一种永垂不朽的魅力。董明珠不服输，她是一支骄傲的"铿锵玫瑰"，她是中国实业界的星星之火，拥有越来越多像她这样的企业家，是我们的幸运，我们也有理由相信，"星星之火，可以燎原"。

目 录

第一章 没有出路，就换个思路 / 1

　　董明珠的"卸任"你懂得多少 / 3
　　不圆造车梦，誓不罢休 / 12
　　格力手机自己代言 / 18
　　董明珠何许人也 / 27
　　董明珠的"敌人们" / 36

第二章 做实业要有情怀 / 41

　　幸福是什么 / 43
　　一切困难都是纸老虎 / 48
　　最讨厌的字眼是"女强人"，没有之一 / 53
　　返利经销商 / 58
　　冲董阿姨来应聘 / 62

第三章 胸怀大局，势不可当 / 67

　　宁愿自己吃亏，也绝不亏待消费者 / 69
　　给股东分红数额之大超乎你想象 / 74
　　用民族英雄的胸怀去做企业 / 79
　　公司利益高于一切 / 87

第四章　管人一定要得罪人 / 93

数一数董明珠"得罪"了多少人 / 95
央视演讲发飙，句句血泪 / 102
百炼的钢，绕指的柔 / 106
管理出人才，人才出创新 / 113

第五章　让人信赖，能解决纠纷，赢得朋友 / 121

国美、苏宁主动和解 / 123
小米手机甘拜下风 / 132
有一种投资叫"王健林相信董明珠" / 138
牵手京东刘强东 / 144

第六章　坚守原则，就掌握了主动权 / 151

把主动掌握权要过来 / 153
好的产品就是永远不降价 / 160
政府应支持本土品牌 / 166
与马云的怼撕 / 171

第七章　民族脊梁，霸气与呐喊 / 179

富豪妈妈，低调儿子 / 181
企业要把社会责任摆在首位 / 187
独树一帜的企业家精神 / 193
拯救企业于水火 / 199
让世界恋上中国制造 / 204

后记：　内心强大，就没有人能打垮你 / 210

第一章
没有出路，就换个思路

本章阅读

★ 董明珠的"卸任"你懂得多少

★ 不圆造车梦,誓不罢休

★ 格力手机自己代言

★ 董明珠何许人也

★ 董明珠的"敌人们"

董明珠的"卸任"你懂得多少

没有格力就没有董明珠,没有董明珠也没有格力。

——董明珠

2016年10月18日,珠海市国资委对格力集团董事会发出了一则通知:"免去董明珠同志珠海格力集团有限公司董事长、董事、法定代表人职务"。一时间,"董明珠被免去格力集团董事长,仅担任格力电器董事长兼总裁"的新闻立即抢占各大媒体头条。

近年来,董明珠俨然已经成为全国乃至全球关注的著名企业家,她身上的霸气、自信、担当,让许多人为之折服。今年已经62岁的董明珠,被评为"2016年中国最有影响力商界女性领袖"。这个荣誉的背后,她付出的是常人所不能及的努力。

从36岁来到珠海格力以来,为了工作,她连自己的终身大事都没再考虑,全心全意扑在公司上。继任总裁以后,每年带领格力向国家上缴一百多亿税收,而自己的年薪却只有五六百万,扣去税务,只剩二百多万,这与其他公司总裁动辄几千万甚至上亿的年薪相比,差的不是一两个职业经理人的距离。但她似乎并不在意,她的追求也不在于此。

二十多年前就有人妄图卖格力给外企,并给她开出年薪8000万的工资,但被她的一腔爱国热情拒绝了。她做事业,为的不是自己,而是国家,她希望格力能成为代表"中国制造"而享誉世界的品牌。这种无私、忘我的精神,也是她令人敬佩的一方面。

就是这样一个外表看上去十分强悍的女强人，突然被免去董事长职务，外界一片哗然与沸腾。究竟是嫉贤妒能，还是英雄迟暮？几乎所有人都不会认为是后者。

格力电器对此事做出了回应：属于正常的人事变动。根据国家及相关规定，国有企业领导人不能兼职过多，董明珠既是格力集团董事长，又是下属企业格力电器董事长，故此调整为企业内部的正常安排。

但大多数人显然对此说法并不认可，认为根本没那么简单。不少人借题发挥，开始做分析。有人说，可能与2013年她跟雷军的那次高调的10亿元打赌有关，当着全国电视观众的面儿她这个玩笑开得太大，格力没有输掉10亿元的后策；有人说是董明珠近来行事过于高调，她宣称做格力手机，年销量要达5000万台，不请明星，自己做代言，但她口中"分分钟灭掉小米"的格力手机，最后却内部消化，销售远没想象中理想；又有人说董明珠开通自媒体以及采访时毫无顾忌地痛批雷军、美的电器等，树大招风，而一个企业也不希望它与一个人的名誉捆绑在一起；也有人说，近四年来格力电器在董明珠的领导下，业绩并不是十分令人满意，甚至让人失望；还有人说，这是董明珠与所在集团之间的权力、利益博弈，是2018年格力电器董事会换届选举提前进行人事布局……

不论怎么分析，有一点可以看出来，董明珠依然主导格力电器。她的顶头上司珠海市国资委曾在2012年委派一个人去格力集团担任总裁，并提名他担任格力电器董事。然而，事实证明该人无法担当大任。

有种说法是，作为格力集团，它只是珠海国资委的直属企业，没有上市，所以董明珠在集团的职务全部被免除了。而格力电器虽是下属单位，却是上市公司，国资委对董事人选没有任免权，因此保留了董明珠格力电器董事长的职位。如果有，不知道董明珠这一职位还保不保得住？

那时候的董明珠身边还有朱江洪，两人双剑合璧，战无不胜。如今，朱江洪已光荣退休，留下董明珠一人独撑大局。

她使用的表达方式是"我随时准备跟他们斗"，可想而知，她的压力有多么巨大。

就在被免职的10天后，董明珠参加临时股东大会，她在大会上讲话时发火的视频流传出来。视频中，董明珠多次进出会场，没有丝毫掌声，这也是她唯一一次进场没有掌声的大会。

显然，没有掌声与董明珠决定收购珠海银隆有关。她自己分析，投资者对格力低价增发收购银隆不满，认为此举或许会摊薄股东的利润。因此，她当众开门见山："格力没有亏待你们！我讲这个话一点儿都不过分。你看看上市公司有哪几个这样给你们分红的？我5年不给你们分红，你们又能把我怎么样？"接着又说，"给你们越多，你们话越多，两年给你们分了180亿，你去看看哪个企业给你们这么多？格力从1个亿、从1%利润都没有甚至亏损的企业做到今天，达到13%的利润，是靠你们来的吗？是靠我们的心。"

结果也是可想而知，她的个人力量是渺小的，格力电器收购珠海银隆新能源有限公司股权的议案勉强获得通过，但募集96.9亿配套资金等15项议案，却在中小股东的联手阻击下，最终未能成行。

在被免职格力集团董事长之后，董明珠又做出了一个超乎所有人想象的决定：给格力电器员工每人每月统一加薪1000元，安装工每安装一台空调多加100元。

这个决定再次引起轩然大波。有人认为她这是在赌气。在央视《面对面》

栏目专访中，董明珠做出回应："如果赌气，我的利润就会下滑，我加工资，我的利润并没有受到任何影响，所以我觉得很多人，他是站在他的角度，因为这1000块钱加了，对他们确实压力很大，其他企业必须加。像我们国家，都有最低工资标准，这次加1000块钱人民币，是提高了一个最低工资标准。我一定让格力的人走出去，让他觉得'我是格力人'，让他有一种自豪。"

此举也让外界拍手叫好。当一个企业领导真正懂得体恤下属时，也必将赢得他们的一致尊敬。对于金钱，不是拿来拉拢人心的，但是，适当地给予对劳动者的肯定，却是一种尊重员工、认可劳动光荣的态度。这种态度的作用显而易见。是非黑白也许下属无权参与，但提高工作的积极性，却是人人都可以办到的事情。

董明珠说，她之所以要这样做，也是为了给行业立一个标杆。她可以这么做，别人也可以。人人都可以办到的事，有时候只是看谁愿意做而已。这是一个企业家的精神所在，不是谁都具备。这气概彰显了她一贯的与众不同，让她再次成为"网红"。

说到成为"网红"这件事，其实董明珠是有些冤枉的。董明珠已经62岁了，这个年纪的许多男人都已经高高兴兴地退休了，安逸自在的老年生活哪个人不向往呢？想想人一生奔波劳碌，谁不希望能有个平顺又闲适的晚年？但董明珠作为一名职业女性，却依然活跃在各大媒体和峰会上。她难道不累吗？从36岁时她独自一人来到珠海闯荡，二十多年的拼搏生涯中，她为格力付出了全部心力，至今，她都没有想要停下脚步。这就是一个把普通企业做到世界500强的超人啊！

但也正因为她的年纪问题，网络上不少人把她当作一个过时的、被互联网抛弃的、又不甘心被人遗忘的老妈子来对待。他们把她说过的每一句话都过分解读、夸大其词，并肆意恶意传播，这种对董明珠的嘲讽式消费，让喜欢她的人都看不下去，但她本人却微笑置之。个别媒体的推波助澜，文字的断章取义，也让我们看到，董明珠已经被丑化到面目全非的境地。舆论如此对待一个民族功臣，不能不说，我们有些人不仅丧失了爱国情操，更是把一种本可以当做正能量的精神扭曲、亵渎了。

这让我们不得不想到当年的健力宝。

20世纪70年代，36岁的李经纬被调到三水酒厂。在这里，他发现了一种神奇的饮料配方，在三水酒厂濒临倒闭之际，他的努力最终挽救了企业——他创建了健力宝。

第23届美国洛杉矶奥运会，健力宝成为中方指定饮品。当年，中国女排击败了东道主美国队，成为"三连冠"，当记者拍摄到女排的队员都在喝一种运动饮料，正是这种饮料助力她们"三连冠"时，这种神奇的"东方魔水"一下子威名显赫，被传得沸沸扬扬。这也让健力宝从此交上了好运。

1984年，健力宝的年销售额为345万，次年飞窜到1650万，第三年达到1.3亿元！健力宝因此成为"民族饮料第一品牌"，直到1997年，集团的销售额已经突破50亿元大关！

这可喜可贺的成绩不失为一种民族骄傲。1994年，李经纬花500万美金买下了帝国大厦的一整层楼，设立了健力宝在美国的办事处。在美国记者的采访中，他无比自豪地说："在中国，可口可乐和百事可乐加起来，卖得都没有健力宝多。"

耀眼的成绩背后，承担的也是为国争光的荣耀。然而1997年，健力宝花费

8亿元建造健力宝大厦时资金链断裂，这个出人意料的局面发生的同时又迎来了国内奶制品的迅速发展，让健力宝遭遇了有史以来最大的困难。

这个时候，健力宝的品牌影响力依然存在，只要三水政府给予一定帮助，李经纬的商业帝国就能安然度过难关，一个响当当的民族品牌依然能赫然矗立。

可后来，李经纬交出了健力宝，张海上任。张海上任后两年，健力宝的营收持续下滑，投资团队的矛盾也日益凸显，到2004年，张海涉嫌挪用2.38亿元资金锒铛入狱，从此，健力宝几经易主，日趋衰落。2007年，终被台湾地区统一集团收购。

遗憾的背后，让我们又不由自主地想到了格力。同样也是在当地政府想要出售格力的情况下，是董明珠与朱江洪的联手对抗，是他们怀有一颗浓浓的爱国情怀，为挽救格力于水火，奋不顾身、夜以继日地搞研发，不气馁、不屈服、不自暴自弃，才打赢了一场场胜仗，不仅没让格力倒下去，还最终使它成为了世界500强企业。这背后的付出与艰辛、斗争与不屈不挠，可以想象得到是多么的不容易。董明珠身上这种被外界嘲讽的"不顾一切的顽固"精神，难道不正是许多人或缺的吗？

利益面前，许多人忘记了顾全大局，忘记了长远考虑，也忘记了一个中华民族儿女应有的气节。今天格力所面临的，又何尝不是当年健力宝的局面？

因此，才有许多人不无担忧地说，现有格局下，董明珠无法施展，受控于现行体制，没有董明珠的格力，还能走多远？

董明珠曾经说："没有格力就没有董明珠，没有董明珠也没有格力。"是格力成就了董明珠的威望，让她找到适合自己的施展空间，成就了她蓬勃的事业。同时，格力的今天，也是董明珠用牺牲掉个人几乎所有业余爱好、家庭幸福、爱情婚姻换来的。没有她的执着与奋斗，没有她像堂吉诃德一样不怕被抹黑为中国制造业摇旗呐喊，没有她的"让世界爱上中国造"的梦想支撑，格力会不会早就成为下一个健力宝？

董明珠的卸任让许许多多原本看热闹的网友忽然揭竿而起，转了话锋，纷纷开始为她打抱不平了。

在2017年1月17日的《我是创始人》真人秀节目中，一向态度强硬、锋芒毕露的董明珠，谈及自己被免职时，却在镜头前情不自禁地哭了！

她哽咽地说："为何人在遇到困难时，朋友大多是锦上添花而已，雪中送炭的为数不多？"

这泪盈满睫的画面让人不由自主产生无数想象，这里面的无数心酸与不易，一步一个脚印地付出，几十年如一日，如牛一般埋头苦干的坚韧，突然就让我们意识到：干活挣钱给别人，别人欣喜；一旦想要执政掌权，先前所有的功劳就功亏一篑。说到底，她再强大、再霸气，也不过就是一个为别人打工的。格力不是她的，她把自己的命运捆绑在格力身上，她视它如儿女，恨铁不成钢，结果她的辛劳付出，别人不理解，也绝不允许她翻身为王。这大概才是她不能说又无法不去为之悲伤的一个症结所在。

人生最痛的不过就是你想干一件事，却怎么都进不了那个适合你的环境，个中阻碍盘根错节，让人心力交瘁。气馁的人选择半途而废，有时也实属无奈之举。但董明珠不会，一代铁娘子，她注定不平凡。她还说："当决定正确的时候，即使别人不理解，你也要坚持下去，你应该要敢于用结果告诉他，你的决定是正确的！"

那个骨子里散发着霸气的女人，就是这么镇定、强悍，即使全世界都在看她"笑话"的时刻，她依然不改初心。

或许就是这份分岔路口的执拗，让首富王健林看到了曾经某个时段的那个自己。所以，当董明珠决定以个人名义继续投资收购珠海银隆时，王健林很爽快地就拿出了五亿元予以支持，这份友谊让无数人为之动容。这不也体现出他们那个年龄段的企业家的某种共同信念吗？

仅仅过了四十多天，董明珠又让众人重新看到了那个意气风发的她。

这场硬仗，她投下了自己几乎所有的身家，她豁出去的背后，何尝不是一种不可言喻的辛酸？

命运降大任于斯人，苦海，掀起巨浪。我们会拭目以待，相信她的眼光，也期待她的成功。

不圆造车梦,誓不罢休

我们国家发展到今天,回头看还是缺技术。用人民的身体健康做代价、破坏环境来实现产业发展,这是多么悲哀的一个事情。所以,我们要用新技术,科学的技术,利于人类环保、能够生存的技术,才是我们最具价值的技术。

——董明珠

前不久的王石"万科事件",让人们看到了一个辛苦一辈子打下江山、最终却只能被迫拱手让人的沉寂凄凉。王石直到黯然退场,都没讲出一句能挽回局面的话。而且,在险资入股事件中他得到的支持不多,中伤却不少,比如不尊重股东、不尊重民营企业等。

但董明珠不同,她更鲜明,更自信、坚定,因为她有情怀,她的情怀是"让世界爱上中国造",她就是"中国制造"的一张名片。这一点,让人们看到了她的大公无私,也因此,她能一路披荆斩棘。

有人认为,董明珠是因为进入会场没有听到掌声而发火,仔细想来,那不过是某些人刻意制造的噱头。她应该早就料到那次股东大会的最终结果于己不利,应该早就清楚现场股东其心各异。她之所以发火,是为了唤醒某些人的麻木,但更多的还是她的性格使然,她认为对的事,她一定会用自己的态度,坚定不移地释放出来属于她的那份诚意。

珠海银隆,是董明珠看好的投资项目,是她的研判和选择,也曾是她为格力寻找的下一个千亿目标。看过《乔家大院》的人都知道,乔致庸就是在不断壮大自己的目标,在遭遇万劫不复般的质疑与反对中,依然坚持自己的信念,将"汇通天下"进行到底,最后完成了自己不可被人逾越的大业。他也是在赌着一口气甚至全部身家的情况下,执拗地做自己想做的事,并最终用成绩说话。今天的董明珠与剧中的乔致庸，不得不说是有许多相同之处的。想干大业的人，内心想的首先是长远发展的意义，以及是否能利及于民，这是一个人的大格局，而格局能决定命运。

2016年11月，董明珠提出的由上市公司格力电器收购新能源汽车公司珠海银隆的议案不幸胎死腹中，未能获得通过，之后她借机增持股份的员工持股计划也随之流产。在外界一片哗然声中，来自四面八方的声音质疑董明珠这次还能不能东山再起，更有不少人担忧未来她会被迫辞去格力电器董事长之职。不少人认为她可能会走上王石老路，被辞职是板上钉钉的事，剩下的只是时间问题。

面对这一切，四十多天后的12月15日，董明珠用她的倔强给已经为此次事件盖棺定论的世人来了一个漂亮的回马枪：董明珠个人和中集集团下属企业、北京燕赵汇金国际投资有限责任公司、大连万达集团股份有限公司、江苏京东邦能投资管理有限公司和珠海银隆新能源有限公司签署了增资协议，五家单位及她个人共同增资30亿元，获得了珠海银隆22.388%的股份。

如果说前不久的员工每人每月加薪1000元被认为是她在宁死不屈的最后一搏的话，那么，短短一个月，董明珠让人重新认识了那个百折不挠、不达目的誓不罢休的她，这一点她从未改变。公司不让她造车，她就拉上万达王健林、京东刘强东等人一起造。从你爱理不理，到你高攀不起，她就是这么"任性"！

与此同时，有传言称，董明珠前脚刚给员工加薪，后脚就勒令每个人必须买一台格力手机。对此，董明珠霸气回复："手机是送的，有意见，你也送！"

近年来，网上有关董明珠的流言蜚语层出不穷。有些人不了解董明珠，却相信这些造谣污蔑人的话，还大肆调侃、戏谑，但董明珠似乎对这种行为早就不以为然，她的胸怀不是用来"对付"这种事的。她要做的事，很"大"。

银隆是一家致力于打造以锂电池材料为核心，集锂电池、电动汽车动力总成、整车制造、智能电网储能系统的研发、生产、销售为一体的新能源闭合式循环产业链企业。公司2008年成立，到2015年末，他们已分别在广东珠海、河北武安及石家庄建成三大生产基地，资产规模逾百亿，实现营业收入30多亿元，净利润超4亿元。

银隆主要在做两项业务，第一是造车，而且造的是新能源客车。据他们自己称，纯电动客车产品已打入北京、包头、鞍山、齐齐哈尔、石家庄、邯郸、珠海、湛江、永州等多个城市。截至2015年底，他们已签订新能源汽车销售订单7000辆，其中完成生产纯电动客车3189辆，其纯电动客车年销量全国排行第七。第二是锂电池和储能，董明珠最看重的是银隆的新能源电池及储能技术。

董明珠说："银隆是埋在沙子中的金子，格力要通过收购把沙子拨开。"

业界人士分析，这个项目未来表现如何，还需要市场来检验。董明珠已经62岁了，迟早面临从国企退休的一天，王健林等人此次投资的最大风险在于，董明珠到了退休年龄后身体因素的不确定性。但王健林只是在采访中笑呵呵地说："不大不大不大，5个亿啊，不大。董明珠我相信她，没问题。"

董明珠说："我愿意将个人资产全部投入银隆，因为这是中国制造走向强国（盛）的必然之路。我投资银隆，不是因为格力收购不成功，我就妥协了。而是因为我看好这个技术，更重要的是看好它给我们中国乃至于世界带来的环境保护。"

万达集团董事长王健林表示，"它的前途不仅仅在新能源汽车上，更多是在储能上，"同时，他又说，"对于投资珠海银隆，不用深思熟虑，也不用调研，我就是坚信董明珠的眼光。"投资银隆也是万达近三十年来第一单制造业投资。

珠海银隆董事长魏银表示，公司将把自己的新能源技术应用到万达的商业广场和建筑空间。万达是中国最大的商业地产公司，也是最大的"停车场公司"。这么看，这项投资并非每个人的意气用事，有友情的成分，也有对未来投资发展的一致认同感。

董明珠之所以投资珠海银隆，主要是看中了它非常先进的电池技术，而珠海银隆的核心电池技术就是快充技术。它具备钛酸锂负极电池的快充性能，如使用期长、性价比高、耐宽温、安全性高等特性。

在北方市场，由于长期在低温环境运作，不少新能源公交车出现了严重损耗，寿命短暂。而银隆一上市，就迅速在北京打开了局面。董明珠曾说："我用特斯拉，三年不到就换了电池。我代表银隆说一句话，你用了银隆车，十年保证你不换，电池坏了是我的，没人敢跟我站在一起喊这句话，这就是中国骄傲。"

当然，银隆也有其自身缺点，比如造价偏高、能量密度偏低，相对应的，密度偏低导致其电池体积较大。但董明珠希望在安全耐用的基础上，提升电池的能量密度，降低生产成本，而不是在高能量密度的基础上去琢磨如何提升其安全性，这可能是她和其他新能源企业在技术方向选择上的差异。

随着规模扩大、产能提升，银隆钛酸锂电池的成本势必会降低。同时，对消费者而言，银隆具有十足的性价比。混合动力车可能两年多就要换电池，而银隆电池的耐用性很明显是有优势的。同时，银隆正在收益与研发之间实现更多突破，2016年，已经研发出第四代高能量密度钛酸锂电池，与第三代相比成本下降40%，能量密度提升60%，此外，企业还投资了资硅负极、硫负极等不同领域。业内分析，如果银隆技术能达到"独步天下"的境地，就像格力核心技术一样深入人心的话，那么董明珠联合王健林的投资，显然会是一场特大的盛宴。

珠海银隆新能源2015年的整体估值是40亿元，到了2016年初，不断有企业联手，共同注资，成为银隆股东，董明珠也于2016年8月份决定通过以格力电器发行股份的方式全资收购银隆，当时评估机构给出了130亿元的估值。即使遭到股东集体反对，遭到外界不断质疑，董明珠携手王健林，依然认为银隆技术先进，如果把它商业化，市值就会再翻倍。

董明珠在公开场合多次强调，如果全中国都用银隆电池，那么雾霾天能少一半。除了钛酸锂电池外，"纳米球形"等独家秘诀，也是银隆的核心专利之一。董明珠说："中国的制造落后就两点，一个是材料，一个是模具。中国的模具工业上去了，中国工业产品的工艺品也就上去了；中国原材料纳米技术掌握了，中国工业产品的核心落后问题也就解决了。"

在中国制造高峰论坛上，董明珠说："我们国家发展到今天，回头看还是缺技术。用人民的身体健康做代价、破坏环境来实现产业发展，这是多么悲哀的一个事情。所以，我们要用新技术，科学的技术，利于人类环保、能够生存的技术，才是我们最具价值的技术。"

仅仅从环保角度而言，董明珠的观点是深入人心的，毕竟雾霾天实在糟糕透顶，创造了"世界奇迹"。与其把这个"奇迹"持续下去，不如放手一搏，找到对付它的法宝。格力电器正在推进智能家居战略，这一系统的着眼点就在于节能。银隆的技术正好可以帮助格力打通从创能、储能到家电能源管理等整个系统。

期待董明珠的成功。

格力手机自己代言

既然有（互联网）这样的时代产物，就要充分地运用，关键想清楚怎么做。

——董明珠

了解董明珠的人都知道，她是营销员出身，对于营销策略可谓驾轻就熟，而她的营销策略中有一条却是"不按常理出牌"。

在营销这条道路上，她从不为了推销自己的产品，而采取行贿受贿、喝酒谈判等俗不可耐的老套路。她的套路很奇怪，看上去有那么点儿"愤青""不食人间烟火"，她既能坚守自我原则，又能让商家真实地感受到她的诚意，并且能让销量一路攀升，无人能及。

而有些产品的诞生，也是在她谈笑间就拍案定决了。这看似任性的作风，实际却透露出她的自信。敢于挑战的精神品质，让人佩服的同时，也让人为她捏一把汗。毕竟她曾长期担任格力集团的总裁，作为格力的灵魂人物，她是中心轴，所有的一切都会受她决定的影响，她一个决定的成败，能决定这公司的发展好坏。她所拥有的权力背后，隐藏的压力负担跟不可预测的风险，非一般人所能想象得到，更不是一般人所能承受得了的。

但她敢。她想做的事情，谁也别想拦得住！

格力手机的诞生就是其一。事情要追溯到2013年12月，央视第十四届中国经济年度人物评选颁奖现场，为配合媒体炒作，雷军站在台上说："董总在传统制造和传统的消费电子领域做得非常好。但是今天在互联网时代，用互联网的基因重新做消费电子的时代已经开始了，小米就是这个方向的典型代表。那么它的优势在什么地方呢？第一，它跟用户群最贴近，极其强调用户体验和口碑。我们为什么不做广告？最最重要的就是希望在这样的情况下，测试我们产品的品质和口碑。第二，因为它是轻模式，所以它的成长速度快。第三，并不仅仅因为是轻模式，实际上我们有2500人的服务团队，1300人的7×24小时的呼叫服务，这样的服务我们下的功夫是蛮大的。我最后总结一句，小米模式能不能战胜格力模式，我觉得看未来5年。请全国人民作证，5年之内，如果我们的营业额击败格力的话，董总输我一块钱就行了。"

面对雷军的发难，董明珠的回答彰显了她一贯霸气侧漏的铁娘子风范，她当即回答对方说："我告诉你说，一块钱不要在这说，第一，我告诉你不可能；第二，要赌不是1亿，我跟你赌10个亿。为什么？因为我们有23年的基础，我们有科技创新研发的能力，而且我们保留了过去传统的模式，把马总请进来，世界就属于格力，你只有一半，不行的。马总你说呢？"

这场豪华对赌当即还拉上了马云，在双方尖锐的"攻守"之下，马云拉偏架，很"狡猾"地"威胁"董明珠，说："只有和阿里好好合作才能赢。"

董明珠跟雷军的对赌，实际上彰显的是双方商业模式的不同，格力是传统制造业的代表，以重资产运营见长，是"产业链垂直整合"的商业模式，上游涵盖了压缩机、电机、漆包线、电容等核心部件的制造，中游涉足了空调设计、组装制造，下游则自建强大的销售渠道。小米则是以互联网模式做硬件的行业新贵，以轻资产运营见长。它选择了互联网模式，一来生逢其时，二来也符合信息科技产业的发展规律。智能手机这个行业"轻资产"，运营是主流，也是王道。

实际上，早在2011年，董明珠就已开始下一盘棋。先是成立一家"北京盛世恒兴格力国际贸易有限公司"，然后用两年的时间，对全国各个区域销售公司的渠道进行优化整合，最终建立一个更有控制力和执行力的全国性渠道网络。同时，还对原有的15000家格力专营店进行升级改造，重点建设了许多营业面积在500—1000平方米的大型"旗舰店"。

2011年，格力还携手中国移动，成功研制出中国首款物联网空调——"e炫"，后又陆续推出"e尊""e铂"共三大系列精品空调，用户通过手机或互联网输入指令，就能对空调进行全方位远程操控，轻松实现智能生活。

2013年，格力电器成立信息化委员会，董明珠亲自担任主任。

对于互联网时代"大数据"的应用，董明珠的态度一直都是非常积极的，如她所言："既然有（互联网）这样的时代产物，就要充分地运用。"

而对于电子商务的认知，董明珠坚持的原则是不跟风，顺其自然地进入，"关键是想清楚怎么做"。

这之后没多久，就出现了雷军与董明珠"打赌"的一幕。王健林以私人友谊，免费给董明珠做了个广告，几位大佬难得一聚，列位站队，可谓精彩。加之赌局数额巨大，远超2012年马云与王健林的1亿元赌约，并且媒体以"使马云拍马，健林捧场"为噱头形容董明珠，使得这场赌局营造了空前绝后的效果。董明珠也因此一炮走红网络界，成为新一届"网红"。

2014年两会，同为广东团人大代表的董明珠和雷军再度重逢，并且相邻而坐。再次见面，话题仍然没有避开赌约。董明珠底气十足，对媒体表示自己有百分百把握赢。而雷军更不甘示弱，说道："5年内小米超格力是历史发展的必然，格力是工业时代制造业的骄傲，小米却插上了互联网的翅膀。"

媒体的推波助澜让这场本是商界大佬们之间无聊时斗斗嘴皮子的玩笑，紧接着演变成格力与小米的"土豪大战"。观众或许也只是凑过来看个热闹,并没有当真,但董明珠却不是一个随意拿自己形象开玩笑的人,她骨子里一直都是个果断、正直、严肃、霸气、认准了目标绝不轻言放弃的人。时隔不久,2015年3月,董明珠受邀在广州中山大学演讲,在演讲结束的互动交流中,她突然云淡风轻地抛出一个"重磅炸弹",宣布格力手机已经做出来了,并当场展示首次亮相的格力手机。

3月26日,在海南博鳌召开的"2015博鳌亚洲论坛"上,董明珠接受专访时透露,格力手机半年内将上市,其中会有定位特别高端的手机产品,也有特别普通实用的低端产品。

5月1日,董明珠放出风声,格力手机已经投放市场开始销售,并强调格力手机在智能家居布局中的重要地位。

6月1日,在格力电器股东大会上,董明珠宣布格力手机已经销售,对外售价为1600元,并称"格力手机销售5000万部没问题"。

豪言壮语一经引爆,格力手机即使在没有举行盛大发布会的情况下,也已经吊足了无数人的胃口,不费吹灰之力的宣传也够本了。

格力在传统渠道为王的时代成就了霸业,在互联网时代,迫切渴望变化,但如何在新变化中找到适合自己发展的路,是最大的问题。对传统企业来说,开放型制造平台,是未来发展的大趋势。重资产的价值不可能被毁灭,仅仅只要改变互联网模式下的流程优化和潜力激活就好。未来,跨界合作的双品牌是大趋势,格力的行业模式不可能永远"重"下去,审时度势是发展的关键一步。正如李克强总理的那句话,经营企业最重要的还是"用好增量,盘活存量"。

由此可见，董明珠想造手机也并非是心血来潮，而是格力多元化布局中的一步。在即将到来的万物互联的智能家居时代，智能手机无疑将成为其中重要的一环，它将代替各个电器不相通的遥控器和显示屏，使得用户可以随时关注各个家电的运行状态并实现可视化远程控制。

但智能手机市场如今已有大名鼎鼎的华为、苹果、VIVO、OPPO、三星等，格力想要在手机市场上像空调一样杀出一片天地来，不是一件容易的事。此时有多高调地"信誓旦旦"，结果可能就会有多尴尬，这也正是董明珠制造格力手机可能会面临的现实问题。一旦雷声大雨点小，董明珠先前说的话就会无形之中被无限放大，在成为一句空话的同时也会成为一个笑话。她不可能没有一丁点儿压力。而偏偏此时，格力手机的代言人风波又再一次让董明珠成为媒体聚焦点。

众所周知，格力先前的代言人是国际巨星成龙，在2014年年初，格力才把代言人由成龙改为自家老板董明珠。用董明珠的话说，格力每年花在代言人身上的费用超过千万，费用太大，所以宁愿把这些钱省下来用在制作成本上。众所周知，互联网的冲击让实体经济下滑的例子已经屡见不鲜。实体方面，格力每年定下的目标有没有完成任务？业绩是不是有所下滑？在这种情况下，停下来严峻思考一下代言人的问题，实际是迫在眉睫的，也是非常务实的。

依赖明星效应来提高企业知名度的方式顺应时代潮流，也是一种很好的商业策略。但仔细回顾，明星代言的产品就一定都是好产品吗？恐怕也不全是。这些年关于某某明星未曾试用就去做代言欺骗消费者的事情早已屡见不鲜，那些宁可欺骗大众、自降形象也要为某些企业做虚假广告代言的明星，说到底图的都是利益，可信度又能有多高？同样，如果企业自身实力不强，即便请来国际巨星做代言人，也一样无法挽回自身颓废、倒闭的命运。

都说在中国做生意靠的就是人脉，这话虽然不全面，但却有一定的道理。人才、智慧、实力，这些因素虽然不可或缺，但掌握人脉资源、学会做人，却是不言而喻的真理。敢站出来跟这个市场潜规则作对的，肯定不会是一个没有实力的企业。

董明珠正是因为对格力空调有满满的自信，所以才敢解约成龙，自己亲自上阵。也有人说，单凭董明珠的强大气场和战无不胜的魅力，她足以碾压一切明星了。

一路走来，董明珠的鲜明形象早就与格力捆绑在一起，是深入民心的一件大事了。

2008年前后，还不是格力总裁的董明珠，联合朱江洪合力对付珠海市国资委，为格力空调摇旗呐喊，坚持中国制造走向世界等等一系列事件，更是把她推向了媒体和大众，使她成为一个全民关注的颇具魅力的话题人物，几乎每个人听到她的名字就能和格力联系在一起，她已经成为格力辨识度最高的象征了。

其实，格力电器与格力集团多年来一直在上演"父子"大战。简单地说，格力电器的名字是朱江洪给取的，也是在朱江洪跟董明珠的共同努力下，格力才从一个不起眼的空调小厂变成了行业巨头，并牢牢占据这个行业老大的地位。按说这应该是格力集团倍感欣慰的事，但"儿子"太强，"老子"却未必开心。作为母公司的上级领导格力集团，进行了无序的多元化投资，既有房地产又有诸多子公司。譬如格力小家电，它跟格力电器指向同样目标的客户群体,却扛着"格力电器"的名号同格力电器做竞争,这对谁来说都不会是一件特别舒心的事。

朱江洪曾经几度向格力集团提出"格力电器"品牌使用问题,但屡遭拒绝。自己创办的品牌让自己的竞争对手任意妄为地使用,搁谁心里都添堵。"父子反目"一触即发。2003年,曾经有财经记者专门就这件事在媒体大做文章炮轰朱江洪,称他为"褚时健"式的人物,当时形势十分严峻,已经闹到了全国皆知的地步。

如果朱江洪唯命是从、俯首帖耳,可以说,今天的中国就不会有格力电器这个响当当的空调产业了,或许格力早就被卖给美国而销声匿迹了。

正因为跟朱江洪一起艰苦打下了江山,所以,对于格力电器,董明珠可以说比任何人都有感情,她陪它一路走来,见证它的成长,见证它的发展壮大。这其中的汗水和血泪,凝聚的都是她对格力电器深沉的爱,她代言自己的品牌,又有何不可呢?

随着朱江洪的退休,曾经两个人共同抵抗的压力自然而然就落到了董明珠一个人的身上。为了让自己跟格力电器名正言顺地捆绑在一起,让那蠢蠢欲动的行政权力有所顾忌,更是为了守住企业,董明珠坚韧不拔、迎难而上。

然而,吃瓜群众并不会过多考虑一个真正具有工匠精神的企业家面临多少危机、生存的环境有多恶劣。董明珠顶着巨大的揶揄声面对着人们的误解与嘲笑。

其实,为自家产品代言的企业家并非董明珠一人,她也不是开此先河之人。早在2013年2月,聚美优品的陈欧就为自家品牌做过代言。当年陈欧扮演了一个创业者,备受外界各种质疑和攻击,在那个1分39秒的广告里,他的广告词模板"陈欧体"迅速走红，掀起一阵模仿热潮。

后来，我们看到还有不少人，比如网易CEO丁磊两次为自己的《梦幻西游2》制作宣传视频；奇虎360董事长周鸿祎邀请苹果CEO库克合影，为自家奇酷手机旗舰版做起营销；罗永浩约架王自如，用自己还锤子信誉；国民老公王思聪更是时常出现在大众视野中，参加电竞邀请赛，同周杰伦、林更新痛痛快快玩闹之后，当即宣布投资成立熊猫TV（panda TV），并自任CEO，同时入股新三板上市公司英雄互娱，布局移动电竞。

其实，为自家公司做代言的这种品牌和人的完美合一的传播模式，很有可能是未来的主流广告模式。

有人说，格力手机没有成功，市场销售不好，只能以内部消化结束。但不可否认的是，手机绑定空调，未来家电多品类发展这种前瞻性思维策略是正确的，而格力手机才刚刚出品而已，未来还有很漫长的道路，只要坚持到底，未尝不能赢得市场，后来居上。对于刚刚生产的东西，如果我们急着否定它，这种评判的标准，多少有点不尽人情。

董明珠何许人也

> 朱江洪遇到董明珠是朱的福气,董明珠遇到朱江洪是董的运气。
>
> ——王国端(科龙电器前总裁)

前面阐述了董明珠（2016年后半年）众多事迹，那么有人会问，董明珠到底是怎样一个人？

董明珠，1954年出生在南京一个很普通的市民家庭，曾就读于安徽省芜湖干部教育学院，毕业后在南京一家化工所做行政工作。结婚生子后，像天下所有女性一样，过着平淡而幸福的小日子。然而，天有不测风云，人有旦夕祸福。在她30岁那年，丈夫突然病故，将她和两岁的幼子留在这个世界上。6年后，不甘屈服于命运的她，毅然决然辞去稳定的工作，将只有8岁的儿子托付给他的奶奶照顾，自己南下闯荡。从此，她的人生开启了新的篇章。

1990年，董明珠只身一人来到深圳，一次偶然的机会，她替一个朋友到珠海办事，顿时被珠海广阔、宁静、悠闲的环境所吸引，于是决定留在这里找工作。之后，她顺利应聘到珠海海利空调器厂——格力电器的前身。在这里，没有任何经商经验的她，从最基层销售员做起。

为了能最快学到经验，董明珠几乎是寸步不离地跟着老业务员。搭档去谈客户，她跟着去；人家看展览，她也跟着去，两人形影不离的样子让许多人误以为他们是一对。她还常带病跑业务，一次坐火车时，由于天气燥热，她饿了一整天，加上体力不支，刚下车就病倒了。别人再三劝她住宾馆休息一下，她才住在那里。但一个不小心，她又摔成了骨裂。在这种情况下，她忍受着疼痛，非但没去医院，反而继续跟着跑业务。后来跑完北京又接着跑沈阳，实在支撑不住就去医院做了个检查，这一检查才知道实情，把她自己吓住了。

就是靠着这样孜孜以求、勤奋好学的精神，在短短半年内，董明珠学会了许多基本技能，不仅掌握了安装空调的房间面积、所处位置、窗口大小，应如何配置多大功率、什么型号的空调以及空调使用和维护等方面的知识，还懂得了怎么对付不同领域、不同性格、不同品行的经销商。在跟随老前辈跑业务的半年时间里，她就完成了三百多万的单子。

后来公司派她去安徽一家公司追债。这是个人人不愿接的活儿。首先，这是前任业务员遗留下来的问题，跟其他人完全无关；其次，追债难，难于上青天。社会上流行一句话，"借钱的是孙子，欠钱的是老子"，负债公司的牛总牛气哄哄，总以各种理由糊弄甚至戏弄她。她一个弱女子对付一个商场上老奸巨猾的大当家，看上去就像是拿鸡蛋往石头上砸。

但就是在这种情况下，董明珠发挥着比黄牛还倔强的"磨功"，她连续40天跑到该公司，晓之以情，动之以理，她的执着与真诚感动了牛总的公司员工，后来竟然有人给她通风报信。最后，牛总终于屈服于她，不得已让她把废旧的空调全部拉回了公司。来之不易的喜悦让董明珠忍不住泪流满面，她含着泪搬了这些空调，随后，又多搬了其他货物，直到能抵上42万欠款为止。

就是这次行动，让董明珠在格力公司树立了威风，也令当时的总经理朱江洪刮目相看，这件事也成为营销界茶余饭后的经典故事。

之后，公司派董明珠独自在安徽销售空调。基于上次牛总事件，她总结了一个教训，即先货后款的形式对公司的发展着实不利，而且经销商们对厂家的态度也实在是趾高气昂。这显得太过本末倒置，她决定反其道而行之。接着，大胆的董明珠冒世之不韪,开了一个先河:"先款后货,概不赊账"。

这个决定在当时的大环境下简直就是个笑话,不少经销商对此嗤之以鼻。董明珠在安徽市场待了很长一段时间,即使亲自登门拜访,她也没能给自己找到突破口。这种情况下,正常人都会放弃了,毕竟枪打出头鸟,做第一个吃螃蟹的人并不容易。但她天生具有一种不服输的精神,骨子里的那种执拗劲儿一旦涌出,就如火山喷发,一发不可收拾。她不仅没有气馁,反而额外赠送福利:采取上门跟踪服务的措施。

后来,安徽淮南一家电器经销店的一个女经理被她的真诚所打动,同意先款后货,好销再进货,不好销就不要了。随后,对方给她打了20万元。

区区20万元,对许多销售员来说可能只是一个为数不多的小数目,但对董明珠来说,却相当于她人生的第一桶金,这是她坚持把自己的理念付诸实施的一个最佳动力,为此她付出了极度的热忱。她每天都站在店里,帮忙做推销,给顾客讲解,同时建议经理发动员工,把产品推荐给他们的亲戚朋友。这种真心实意地为商家考虑的做法为她赢来了良好的口碑。这也是一种珍贵的免费宣传。

之后,用同样的办法,董明珠接了一个又一个的订单。同年,她又在安徽芜湖、铜陵打了两场大胜仗。与此同时,在合肥、安庆也找到了可靠的经销商。仅1992年这一年,董明珠在安徽的销售额就突破了1600万,占公司总销售业绩的12.5%。

彼时,被调到珠海任命厂长的朱江洪早就注意到了董明珠,认为她是个可以挖掘的"好苗子",他给她又出了一道极具挑战性的难题,让她去没有一丝市场裂缝的南京开拓市场。

南京是董明珠的老家，这里是生她养她的一方沃土，也许冥冥之中自有天意，她又顺利在自家门口打开了一番新天地。先是签下了一张200万元的空调单子，经过一年的不懈努力，她的个人销售额最后上蹿至3650万元。

就这样，从1990年到1993年，短短4年时间里（1年海和空调器厂，3年格力电器）董明珠的个人销售额竟然占据了整个公司的1/6，她在公司自然名声鹊起，赢得了公司信任。这时候，公司内部出现诸多状况，面临十分严峻的形势，朱江洪把董明珠从业务员部门调回珠海格力电器总部，任命她出任经营部部长。1994年底，董明珠接过经营部部长一职。

在南京这一年，董明珠一直忙于业务，几乎没回过家。在她还没来得及同家人、孩子好好团聚的情况下，她就急匆匆地返回了格力公司。当时，儿子望着妈妈离去的背影、眼含热泪又刻意压抑的模样，一直都是董明珠心里一块揭不开的疮疤。她对儿子充满了内疚。

朱江洪本意是让董明珠出任经营部部长，但没想到，他的想法却遭到不少人反对，只能让董明珠出任经营部副部长。公司里有一部分人打着如意算盘，他们认为，董明珠做业务员每年销售提成高达几百万，回来坐办公室，才不过几万块钱而已。再给她一个副职，她肯定赌气不干。但董明珠欣然应允，不仅没有抱怨，反而干得更加起劲了。

董明珠每天只睡5小时，她一心扑在工作上，随时把好的想法记录下来，哪怕是三更半夜，只要想到好方法，也会打电话把同事叫醒。这使她收获了"工作狂"的称号。除此而外，原本性格腼腆的董明珠，此时忽然变得严厉万分了，她给公司制定了一整套规矩：所有女性不准戴耳环，不准留长发，长发也要把头发挽起来；不许迟到、早退、喝茶、看报、吃零食、聊天，发现一次罚50元，发现两次罚100元，发现三次直接走人。

大家都以为她只是说说。有一次距离下班只有5秒钟的时间，一群同事吃东西被董明珠看到了。她当场罚了每人50元钱，对拿东西给大家的那个人罚了100元。虽然事后她以个人名义给了那个家庭贫困的同事100元，但她仍强调那只是私人行为，一旦涉及公司的原则问题，永远不会让步。

还有一次，董明珠生病住院了。大家特意跑到医院去探望她。结果，她出院后，还是不留情面地对违反纪律者做了批评和罚款。公私分明、严惩不贷的"狠"劲儿，又使她收获了另一个称号："董姐走过的路，寸草不生"。

她的"狠"众所周知，因此也得罪了一些人。公司有些人认为她"多管闲事"，阻碍了他们发财的大好机会，联合起来轰她下台。是朱江洪这位伯乐，坚定地站在董明珠背后，一次又一次地做她坚强的后盾。因此，也有人说，他们的珠联璧合开启了格力电器的"朱董配"时代。两人骨子里性情相投，惺惺相惜，携手前进，互相扶持，相互支撑，既共同为格力撑起一片天，又各自成就了最好的自己。他们之间也发生过无数次激烈的争吵，但宰相肚里能撑船，最后他们反而更加默契，每每都会以最佳搭档的姿态示人，如科龙电器前总裁王国端形容的那样："朱江洪遇到董明珠是朱的福气，董明珠遇到朱江洪是董的运气。"

在董明珠的世界里，一切都要清澈见底，不接受任何一点儿的灰色地带。某一年公司广告招标，一家广告公司是某政府领导推荐的。但在招标第一轮就被董明珠刷下来了，她直言不讳地说："连报价系统都不完善，凭什么来招标？"

1994年，格力内部出现了一次严重的危机，部分骨干业务员突然"集体辞职"，有人以重金挖董明珠，甚至开出了年薪千万的优厚待遇，但董明珠经受住了诱惑，坚持留在格力，她也因此被全票推选为公司经营部部长。

2001年，格力电器有一段时间的销售额严重徘徊不前，这时，一些中高层领导就把责任往下面的员工身上推，但董明珠则认为责任不在员工。因此她撤换了一部分领导层。"刮骨疗毒"式的铁派做法让她陷入一场被举报、被调查的危机中。公司每天都会有调查组人员进进出出。但身正不怕影子斜，最终她没事，而举报她的那些人却出了事，被"请"进了监狱。

自此以后，董明珠便把过去的群众意见信箱，从厂长的门口挪到了卫生间、食堂等地方，让群众真正大胆说话。这个方式让她在很短一段时间内就收到了700多封信件，员工的真实心声对她展露无余，因此她管理起来也更加到位和完善了。至今，格力公司总裁令中还赫然写着："行贿、受贿者一律辞退。情节严重者，交由司法机关处理！"

1996年，空调销售进入凉夏大混战，不少厂家动辄成百上千的营销队伍，降价活动也是一拥而上。董明珠没有跟风，而是主动让出市场，静待时机。这时她拿出了1亿元利润的2%按销售额比例补贴给每个经销商，促使该年格力销售增长17%，首次超过当年大名鼎鼎的春兰空调。

出任经营部部长以后，董明珠领导格力电器从1995年至2005年，连续11年空调销量、销售收入、市场占有率均居全国首位。

2002年9月，董明珠荣获"中国企业女性风云人物"称号。2003年，她当选为第十届全国人大代表，并荣获"南粤首届优秀女企业家"荣誉称号。2004年3月，她当选人民日报《中国经济周刊》评选的2003—2004年度"中国十大女性经济人物"。2004年6月她被评为"受MBA尊敬的十大创新企业家"。

2004年11月被评为"2004年度中国十大营销人物"。2005年，董明珠将格力电器带入全球500强，位列385名，排名家用电器类全球第一，一年就给国家上交150亿的税收。而她个人，也前后9次上榜美国《财富》杂志，成为全球最具影响力的50位商界女性之一，及福布斯亚洲商界权势女性第十一名。2007年，董明珠出任格力电器公司总裁。2009年10月，格力董明珠入选英国《金融时报》全球50大女性CEO。2010年荣获"中国上市公司最受尊敬10大功勋企业家"、英国金融时报"全球最具影响力50名商业女强人"（名列第五）、美国《商业周刊》"十年商业女性领袖大奖"。2012年，董明珠接棒朱江洪，出任格力集团董事长兼格力电器总裁，开启了董明珠领导下的格力新时代。

商海浮沉变数多，胆战心惊不少人，格力每一次面临紧要关头，董明珠都能临危不惧，挺身而出，一次次力挽狂澜，扭转乾坤。她带领格力，成为中国首家营收破千亿的家电上市企业。30年来，董明珠一直没有再婚，为了格力的事业，她舍弃了一个女人对于家庭的渴望，她用"即使是两个人，到老了的时候，总也是有一个人要先走的，剩下的那个还是一个人"的极度冷酷的自我安慰方式宽慰着自己，如今，62岁的她早已习惯了一个人的生活。

不仅如此，董明珠对慈善事业也积极参与，从2005到2010年，6年时间内，董明珠向多个灾难地区共捐款3000多万，其中她个人的书稿稿酬120万，在2008年汶川地震后，全部被她拿去捐助了灾区的教育设施重建。

2014年9月17日，董明珠被联合国正式聘为"城市可持续发展宣传大使"，以表彰其掌舵的格力电器长期以来在技术创新、提高能源效率和缓和环境恶化等方面做出的贡献。

作为一个声名显赫的企业家，董明珠是霸道而强悍的，她独立自强、咄咄逼人、执着顽固又显得有些高调，她拥有强大的气场，让对手们不免敬畏三分，她既是营销女王，又是商界著名女企业家。但作为一个慈善家，她却是默默奉献、低调内敛的普通市民。两种形象的反差，让人觉得有些矛盾，但正是这种看似模棱两可的"失误"，让我们看到了一个充满人格魅力的董明珠，不得不说，她实在是让人佩服。

董明珠的"敌人们"

> 如果真正是投资者,是谁都没有关系,格力电器依然坚持(或为)创造者,成为创造型的企业。我希望所有人要牢牢记住自己的社会责任,你是中国人,你要为一个国家的发展去(做),你的行为要跟国家的发展结合在一起。所以我说希望这些(人)不要破坏中国制造,成为社会的罪人。
>
> ——董明珠

作为中国商界的"花木兰""铁娘子",一路走来,从基层业务员到格力集团兼格力电器总裁,再到后来的被免职,董明珠的人生道路可以说是坎坷而曲折的。在以男性为主导的商海厮杀中,董明珠凭着自己那一股永不服输的执拗和厄运打不垮的信念,驱散绝望之云,昂然屹立在这波涛汹涌的战场上,并且还拥有了属于自己的一片蔚蓝色天空。这一路拼搏,她带领格力创下无数奇迹和辉煌,也同样树敌无数。

最为我们所知的就是她与小米雷军的那个10亿元赌约。其实,小米的主业是手机,格力的主业是空调,雷军的出现只是一个不相干的意外,真正跟董明珠斗了几十年的,是同行业的美的集团。

当格力还是一家只有资产5000元、员工23人的小厂时,美的与董明珠之间的商业大战就已拉开了序幕。双方都很强大,也很执拗,领导人也都有一种为追求真理绝不轻言放弃的魄力,但既然是同行业,肯定免不了竞争。

2014年1月20日,格力制冷空调领域的技术研究人员陈进,在微博上实名举报美的集团,称其2014年凭借《房间空气调节器节能关键技术研究及产业化》项目获得"国家科技进步二等奖"是美的忽悠了国家科学技术奖励工作办公室,欺骗消费者,所谓节能效果不可信,存在学术造假行为。两天后,名为"空调专业工程师李猛"的微博用户发帖,也举报格力2011年获得的"国家科技进步奖"涉嫌造假。很快,矛盾闹到法庭,格力、美的互相起诉举报者。

这一来一回好不热闹,性格刚直的董明珠更是在公开场合直接批评美的,称:"美的是欺骗,它的一晚一度电是虚假的,一晚一度电、一晚低至一度电类似这样的技术,这样一个东西竟然还得了'国家科技进步奖',用这样的头衔(噱头)欺骗消费者。"2016年3月24日,董明珠做客第22期《广东职工大讲堂》,演讲时她再次炮轰美的空调,称:"国家标准、国际标准,这都不是标准,只有消费者满意才是你的标准,才能让你把产品做成极致。否则消费者不满意,谁说你好都没有用。国家给你盖个章合格了,合格的企业和品牌在街上卖得到处都是,你满意吗?就像美的空调天天忽悠一晚一度电,一晚低至一度电,你以为一晚一度电别人就相信,买回来变成了9度电,这都是不诚信。"

"如果今天还不讲诚信,你埋单的时间不是现在,将会是未来的5年。"董明珠强调说,"我们要实现诚信,我觉得应该多一点像我这样的人站起来,不要因为我们好像是公众人物,我们看到一些不良行为就不愿意斗争。"

这场互相举报的结果是,经法院审理认定,美的"一晚一度电"广告确实构成了虚假宣传,被罚款10000元,但其技术仍在2015年1月8日获得"国家科技进步奖"二等奖。

面对炮轰,美的集团董事长方洪波坐不住了,他回应董明珠:"去年年底春节前,格力员工举报我们,说我们学术造假,我们被迫无奈也举报格力进行反击,我们也发了声明。不到迫不得已我们不会发声。现在我讲了,国家科技进步二等奖这件事,在获奖之前已经被多次举报,进行了多次评测,最后还是获奖了。我们持开放态度,欢迎国家任何机构、全世界任何机构来进行论证，我们不惧怕，关于这件事这是第一。第二点，多年来格力在各种场合对我们进行指责和攻击，我们低调、隐忍，没有发声，美的1968年创业，到今天快50年时间，我们的产品为全世界服务，怎么能说我们是骗子？我们欺骗了谁？我们的内心并不会因此而气愤。我可以认真地讲，这样的指责只会使我们更加坚强、自信。好比一棵树，不断地受伤，皮刮掉了，长出来虽然有节疤，但是这棵树更加粗壮，更加经风历雨。为什么自信？你不断指责我，说明我比你强大，否则你指责我干什么？你攻击我干什么？你的指责只会让我们更加自信！"

美的比格力诞生得早，但格力后来居上。如果这种竞争能让双方都更加谨慎，不骄不躁，生产出更多、更好的产品，也不失为一件好事。毕竟，越有压力越有动力，能遇到一个好的对手，也是一件好事。

越骂越进步，真能这样的话，也不失为一个美好的值得收藏的故事。但是，往往企业之间的斗争，残酷指数要比情怀来的血腥得多得多。

就在2016年董明珠刚刚卸任集团董事长之际，11月30日晚，停牌两天后的格力电器突然放出劲爆消息，称连日来前海人寿已通过二级市场增持格力电器股份至4.13%，直逼举牌线。

早前，收购珠海银隆是出于格力业务多元化的要求，也是董明珠希望通过提高员工持股来提高格力系控制力，防止"野蛮人"入侵的一个计划。但计划被隔离，小股东们坚决否决，此时的董明珠只能喟然长叹。

实际上，前海人寿保险公司在格力已经潜伏了一年多的时间。在格力电器2015年的年报中，前海人寿以1.14%的持股比例位居第六大股东；2016年第一、二季度，前海人寿增持至1.5%，位居第四大股东；到了三季度，前海人寿首次公开减持格力电器，持股比例降至0.99%，位居第六大股东。11月17日公司股票复牌至28日期间已大量购入公司股票，持股比例由今年三季度末的0.99%上升至4.13%，持股排名由公司第六大股东上升至第三大股东。

万科事件的易主至今还让人触目惊心，"野蛮人"入侵一定是掐好了最佳时机，即使是王石这样的商场风云人物也毫无反击的余地。如果掉以轻心，格力会不会走万科之路，也不好说。董明珠面临着严峻挑战。

实际上，在格力电器2015年的年报中，公司前十大股东就出现了对手的身影——一家名为"宁波普罗非"的投资管理有限公司，以0.71%的持股位列第十大股东。而这个股东就是美的集团创始人、实际控制人何享健之子何剑锋。

商场战争，硝烟四起。如果美的与姚振华合作，如果前海人寿联合国资委或格力竞争对手的任何一方，对董明珠来说都将是一大麻烦。而对为格力呕心沥血、戎马一生的董明珠来说，格力就像她的孩子，她把格力从小带大，她对格力倾注了所有感情，她无疑是最希望格力好下去的人。

面对"野蛮人"入侵，董明珠却慷慨说道："如果真正是投资者，是谁都没有关系，格力电器依然坚持创造者，成为创造型的企业，我希望所有人要牢牢记住自己的社会责任，你是中国人，你要为一个国家的发展去（做），你的行为要跟国家的发展结合在一起。所以我说希望这些（人）不要破坏中国制造，成为社会的罪人。"

成功不是随随便便得来的，命运不会随意犒赏任何人，格局决定人生。一个企业家博大、无私的胸怀，在董明珠身上淋漓尽致地上演。她的成功不是偶然，她受人尊重也非宣传，她是用自己的人格在感染着每一个中国人，这种精神必将长存。

# 第二章
做实业要有情怀

本章阅读

★ 幸福是什么

★ 一切困难都是纸老虎

★ 最讨厌的字眼是"女强人",没有之一

★ 返利经销商

★ 冲董阿姨来应聘

幸福是什么

习惯了（孤独），不能说喜欢，每个人都按照自己的喜欢（方式生活），这个和谐实现不了。

——董明珠

曾经有读者专门买了本董明珠传记去看,看完后感动得一塌糊涂,很是感慨地说道:"女性创业不容易,董明珠真是不容易,看得我想哭。"

如果董明珠看到这个,她一定深感安慰甚至幸福吧?而幸福是什么?对于董明珠来说,早就在内心有了答案。

2016年9月初,董明珠应邀出席上海的红颜会"天下女人"庆典,她与杨澜等一批成功女性聚集在一起,研究一个主题:幸福是什么?是来源于工作,还是来源于男人?

对不少女性来说,幸福就是跟心爱的人组织一个小家庭,一家人喜乐安康地生活在一起,过着平平淡淡、安安稳稳的日子。而对董明珠来说,这样的生活此生是不可能拥有的,她的选择是孑然一身,依靠自己来面对所有困苦、煎熬、挫折,并竭尽全力地战胜它们。

董明珠回忆了自己过往的几个记忆犹新的片段。有一次她生病了,躺在病床上看着天花板,享受那难得的休息时光。她想,等到出院了,她就不干了,好好享受一下生活,再也不那么忙碌了。但是,当她从医院回到公司后,先前所有的想法一瞬间就消失了,她顿时又精神抖擞了,她恍然大悟,原来她不能离开工作。

这件事对董明珠来说,就是一件幸福的事。她曾说:"女性生活在这样一个大众创业、万众创新的时代，应该感到骄傲和自豪，每个人都要找到最适合自己的那个角色，我鼓励女性都走上社会，在日益发展的社会，用我们自身的努力去做一份贡献。但是也有一部分女性，能够把家庭呵护好，也未必不是一种风险。反过来，一些女性太能干，让男性守在家里做家务，也未必不是一件好事。在新的时代，我们有更多的机会和平台，让我们把我们的智慧和思想释放出来，为我们中国真正走向世界，成为一个强国，特别是我们中国人要让全世界来尊重，我们把我们的产品，不仅是让中国人用，而是让全世界都来用，那就是我们的梦想。"

对于开放型的社会，我们应拥有开放文明的思想。每一个人生活在这个社会，都有他存在的意义，他只要恪守了自己的原则，为社会做出了贡献，无论身份如何，都是值得尊重的。况且，同情心、同理心在这个现实的社会是多么的稀缺，我们的道德观不应随着经济的飞速发展而逐渐沦丧。

在董明珠的员工里，有一些人同情她，认为她孤零零的一个人，但是她不觉得，生命对她来说，意义远不止如此。而每个人都会面临独自一人的孤单时刻，谁都逃不掉。就算是夫妻，用她的话说，迟早也有一个人是要先走的，无一例外。

还有一次，董明珠出国过海关时，有个人认出了她，那人激动万分地问她："你是格力老总吧？"她觉得这是值得幸福的。

同样是女人，但她的身上多了层"高管"的身份，她比别人也多了一种追求。这么多年，她每天坚持早晨5点钟起床，有时凌晨2点多才睡觉，她满心念叨的都是公司，她从未把自己当作女性来看。在她看来，工作时男女是公平的，女性并不应该拿自己特殊的身份来"示弱"或占便宜。

对自己严格要求,才使她成为"营销一姐""商界女王""霸道总裁",如果她心心念念的都是性别差异上的过度保护的话,她是不可能为公司创造出今天这样的辉煌成绩的。而她从未后悔过,相反,她感到自豪。

有句话叫"无欲则刚",董明珠做事情从来没想过要得到什么样的回报,她早已没什么欲望,没什么要求,她只是一门心思想把工作干好,把自己的权力用足、用透、用好,对内、对外都是一样。

干营销的时候,她从未想过自己要当总裁;同样,干经营部部长的时候,她也从来没想过要得罪人,但是为了公司的利益,她必须那么做。在她心里只有企业,企业好了,7万多名员工才有饭吃,她自己也不会因此失业。2006年两会时,董明珠走进人民大会堂,看到那里安装的并不是格力空调时,她下决心以后一定要让这里换成格力的品牌。回去后,她开始精心培养技术人才,精心设计百年企业发展战略。珠海市领导决定把格力电器卖掉的时候,她跑到省领导那里反映情况,她一遍遍地强调绝不能卖掉格力的理由。格力电器要做到世界500强,这是她跟朱江洪的一个梦想,他们有决心、也有能力实现它,为什么要把它拱手让给外国人?格力电器在发展过程中,业绩从1991年的1亿做到2014年的1400亿,为此她付出了无数汗水和辛劳,虽然有些累,但她觉得值得。

保护民族品牌,这便是她的责任,也是她最大的幸福。

有记者问董明珠:"你没有朋友,没有家人的陪伴,也没有人照顾,你觉得孤独吗?"她的回答实事求是:"习惯了,不能说喜欢,每个人按照自己的喜欢(方式生活),这个和谐实现不了。"

婚姻带给一个女性的满足感,董明珠没有主动去选择。如果不是30岁那年丈夫突然病逝,也许她不会来到格力,今天的一切就不会发生。她说,因为

"他是不会同意我这么做的"。

恢复单身的时候，董明珠刚满30岁，还算年轻。如果那时候再继续寻求一段婚姻的话，也还有很多机会。但是，她骨子里的那种不肯依赖别人生活的韧性自此爆发，为了儿子，她没有选择再婚。当别人问她，"你那么有钱、有地位，为什么不去找另一半啊？"她回答说："为什么要找啊？你是单身，也要告诉别人你很好、很强大，就算离婚了，也很好，如果有孩子也很好，没孩子也很好，总之这个很重要。"

幸福不是过给谁看的，如人饮水，冷暖自知。许多别人以为的幸福，也许在当事人看来并不那么如意；而许多别人认为的艰苦，也许对当事人来说却是苦中带乐。人生本来就是五味杂陈的，根本没有谁的人生是单一色调。所以，无需羡慕他人，也许有时候，人跟人之间都是相互羡慕的，只不过自己没有意识到而已。

有人说，董明珠已经年纪大了，到了该休息的时候了，还继续那么辛苦做什么呢？董明珠却笑着说："我自己有时候回头看看，自己也觉得好笑。别人问我，我自己也在问自己。我现在还要这么努力吗？我回答自己说，要！因为你想的是百年企业。大家可能认为，60岁这个年纪，已经很成熟。或者说的难听点，就是老谋深算的人。你可以对别人稍微注意一下讲话方式，装得老成一点，但是我没有改，我觉得我还是这样。"

老子说，幸福是"无为而治"，是顺其自然，不强求、不勉强，不受外在约束的自由自在的状态。万物各得其所，尽自己所能，在精神上能感化别人，即使独行于天地间，暂时不被人所了解，只要付出，就是一笔宝贵的生命财富，是一个人生存于天地间的价值所在。董明珠追求的，大概也不过如此。

一切困难都是纸老虎

连小小的马桶盖，国人都不愿意在中国买，说明我们的供给侧改革的确到了非要去做的时候了。对于企业创新，政府究竟用什么方式，真正为企业营造一个好的环境太重要了，这比为企业减免税负、实行补贴政策更有意义。

——董明珠

近年来，实体经济面临一个较严峻的挑战，互联网的冲击让它们必须做出改革。而与此同时，实体经济还面临另一个困扰，那就是税负过重的问题。

持有这种观点的企业家不少，例如娃哈哈集团董事长宗庆后在2017网易经济学家年会上就曾"旧事重提"："当前做实体经济太难、投资成本太高，税费过高导致实体企业利润率过低而难以生存，而一个国家没有实体经济，国家想要富强，几乎是不可能的事。"

无独有偶，福耀集团董事长曹德旺在接受《第一财经》专访时也曾表示："公司将按计划投资10亿美金在美国继续建厂，中国制造业的综合税负比美国高35%，并且是全球最高。除人工和厂房建设成本，美国的其他各项生产成本都要低于中国。"

如果别人讲这些话，也许我们会质疑。但一个70多岁的老企业家说出这些话，掷地有声，不免引起许多企业家纷纷响应。

《福布斯》最新出炉的"全球税负痛苦指数排行榜"，中国是亚洲经济体中税务最重的国家，全球排名第三，税负痛苦指数是152。

而早在2015年，咸郎平就曾指出中国和美国人消费的差异，同样是网购，中国人网购占总人口的30%，而美国则是85%。但美国人的网购规模占全球的百分比却在逐年下降，而中国人的网购规模却在逐年递增，截至2013年，已经由7年前的1.2%增至24%。美国网购的主要是电子书、软件之类的东西，而中国人几乎什么都买。

为什么会造成如此大的差异？咸郎平指出，其中一个比较重要的原因就是中国实体店的税负过重。商品流通经过的每一级代理都要交税，而且多达15种税费。而在中国香港，商品只需交一种税，就是税率17%的利润税。总结起来，大陆实体店因为流通环节过多、税负过重，导致其同种商品的价格远远超过网店价格，这就造成了消费者什么都要网购的消费习惯。

在接受《中国企业家》专访时，董明珠谈到了宗庆后等人反映的实体经济税负过重的问题。她说："大家都讲中国税高，没有税收，国家建设就没办法投入，比如医疗、教育、国防等，需要的财政是非常巨大的。所以，我觉得作为企业来讲，义不容辞的应该交税，这是我10年来一直坚守的，我不会因为减免我的税收而高兴，而是因为我能交更多的税而高兴。这就是实体经济，实体企业的价值。关键是现在的费太多，很多费又没有明确的确定，总理最近也在说，企业的非税负担太重。如果跟美国比，我不认为我们的税高在哪里。关键是费太多，还有中间的制度性交易成本太高，这确实是一个问题，要解决。宗庆后说一年要交的费有500多种，虽然我没统计过，但是我听了很多企业家跟我抱怨，莫名其妙的费太多。具体我不干这些活，数字我也讲不清楚。一直以来，一些民营企业融资难、税负重也是举国关注的焦点，各方一直呼吁要给企业减轻负担，其实这已经是一个长期的问题。比起民企，国企、外企一直在享受着超国民待遇。在一些地方政府招商引资的诱惑条件下，在过去甚至一些外资企业在中国根本不需要缴纳税赋，就算是交税，民企要比它们高12%，后来通过改革，才略有改变。当时，许多外企说要走，但最后也没走，中国那么大，他们舍得走吗？难道你还怕他们走吗？税负重不重不要紧，关键要公平。"

同时，联想到中国人蜂拥至日本疯狂买马桶盖的事件，董明珠觉得心酸，她表示，"连小小的马桶盖国人都不愿意在国内买，说明我们的供给侧改革的确到了非要去做的时候了。对于企业创新，政府究竟用什么方式，真正为企业营造一个好的环境太重要了，这比为企业减免税负、实行补贴政策更有意义。"

对董明珠这样的企业家来说，探讨这个问题的意义已经不在于自身，而在于与社会共同进步。这些困难，对他们来说，与其说是一种挑战，不如说还肩负着一份责任。

而董明珠曾说，她这个人最大的特点就是"不怕有问题，就怕没问题"。困难是每天都有的，要看你怎么看待它。其实真正没有困难的时候，她却是痛苦的，因为只有经历过挑战，她才觉得生活更充实也更有意义。

曾经有人对她说，有许多人在骂她。为了公司，她不怕得罪人，她也敢说、敢斗。但她没因此害怕过，因为她知道自己做的价值是什么，但是，只有一次，她哭了，那次对她来说，才是人生当中最大的一个困难。

1995年，董明珠在出差途中突发高烧住院，一连住了40多天，医生一轮轮地询问，让她意识到问题的严重性。她躺在病床上想儿子，回顾这么多年来，她一直没有照顾儿子，没尽到一个母亲应尽的责任，她深感愧疚。那一次，她流下了热泪。

困难面前的董明珠从不轻易低头，一个企业所有的担子她一人挑起来，也从未觉得累，她更没有因此抱怨过。对她来说，困难就是往前又走了一步。她觉得有困难才会有压力，有压力才能激发人的斗志。对她来说，要做一件事，要么不做，要做就要做到最好。

追忆最早的初心，董明珠就是想卖空调，卖很多很多空调；后来她希望通过卖空调来改变世界，让世界爱上"中国制造"；现在格力面临许多新的问题和改革……一步步走来，董明珠的宗旨从未改变，归根到底，她就是希望格力能够全面服务到消费者，做没有瑕疵的服务，保持全面推进。

永远给自己设置一个更高的目标，才能让格力充满活力地置身于一个充满变数的世界中。62岁的董明珠仍旧斗志未满，回忆一路走来的披荆斩棘，她大胆谏言，呼吁相关领导支持"中国制造"，她的心全扑在了格力上。

对儿子的思念和愧疚，她不会轻易说出来，因为最美好的感情都保存在心底。她抵得住一切困难，唯独希望儿子健康成长，而儿子也是争气懂事的，这对她来说，就是最大的安心。所以，如果有人问她这辈子的困难多吗？畏惧吗？她马上会摇摇头，说："一切困难都是纸老虎。"

最讨厌的字眼是"女强人",没有之一

> 一个好的领导,必须具有强势的责任感。我想到的第一件事就是不被乌纱帽(所)左右,如果你认为我做得太过分了,把我免掉了也不足为奇。但如果给我做,我一定要坚持原则。

——董明珠

在互联网时代，一些崇拜互联网思维的网友认为董明珠的霸道强势、大胆言论，只是为了搅一搅场子，刷一刷自己的存在感，她的思维已经跟不上时代的节奏。面对的各种质疑，董明珠说："格力市场占有率超过50%，第二名到第五名的销量加起来才和我一样。格力增长20%，说我只踩油门不踩刹车；增长慢一点，又说格力碰到天花板了，理他做什么？"

自知者明，无需辩论。锋芒毕露的董明珠有自己的认知。外界一致认为她是无与伦比的商界女强人，可是她最讨厌的字眼，却是"女强人"三个字，且没有之一。

2015年11月，《财富》杂志公布了中国最有影响力的商界女性，董明珠排名第一。不少人大呼："董小姐，你不是没有故事的女同学！"

服务格力26年，拼命工作且树敌无数的董明珠，其实只不过是格力集团的职业经理人，说句俗气的话，叫"看门人"。有人说，董明珠无论做得多好、多强大，到最后格力经销商队伍或者格力品牌都不是她的，她纯属为别人忙活！

但就是在这样的环境里，董明珠依然我行我素，每天早起晚睡，一门心思钻在工作上，经常把"中国制造"与"工匠精神"挂在嘴边。董明珠心怀大局，心心念念全是公司，所以她很自信地认为，自己所做的一切都是对的，自己没有敌人。

这个"没有敌人"当然不是说自己打败天下无敌手,而是她心系祖国,所以从这点出发,她为之所做的一切就都是正确的,何况,董明珠是个喜欢挑战自我的人。

现在,每年都会有一大批大学毕业生走进格力,他们大多是90后。对于这些人,董明珠会把他们分组,每200人为一组,然后再逐一与他们座谈。对于一个披星戴月为公司操劳不已的人来说,做到这一点,实属不易。

董明珠说:"年轻的大学生从学校走出来,带着在学校期间所受的社会环境对他们的影响。进入格力后,需要给他们正确的引导。另外,你要坦诚地面对他们,让他们知道我们到这个公司,一把手在想什么,这很重要。所以为什么我们创新体系、工程体系那样的普及,格力电器不是单一的技术创新,它是全员文化体系。要让每个人都觉得创新意识、服务意识与他有关。"

她对年轻人很看好,认为他们可爱、上进,而如果这个社会没有给他们一个导向,也许他们就会失去方向,会随波逐流,会消极,会堕落,会走弯路、错路。所以必须要给他们一种引导,让他们勇于挑战自我。她说:"其实人最大的幸福就是你曾经挑战过自己,你改变了别人。"

在全面掌舵格力之后,董明珠给股东交了一份较为满意的答卷:2012年格力电器的总营收破千亿元,2013年达到1200亿元,营收连续两年增长20%。基本兑现了她接班时的承诺:5年再造一个格力,2017年实现营收破2000亿元。

有人崇拜她在男人主宰的江湖里呼风唤雨,认为她刚毅、坚强。但她自己知道,这种品质都是在长期的磨砺中逐渐凸显出来的。她把这些经验之谈讲给90后听,也是对他们殷切的期望。

有人把格力称为"黄埔军校",意思是这里专门培养人才,而这里也走出了不少人才。对于出走的人，董明珠定了一个规定："格力在任何情况下，都绝不会裁员，而走的人不许再回来！"在她看来，格力就是每个人的家，如果你爱护这个家，你不会舍得离开它；而如果你狠心离开了它，这个家的大门就会关闭，你相当于那个弄丢了自己家里钥匙的人。家人关起门来对你说教也好，打骂也罢，都是为你好，你不领情，那是你自己体会不到那份深厚的用心。

在董明珠看来，当领导就是要有个性，没有个性的人当不成一把手。一把手就要有主见，有思想、有见地，并且要力排众议去实施他想要实行的规则。一个婆婆妈妈的领导，一个万事讨好别人的领导，到最后只会害人，做不出成绩。她说："一个好的领导，必须具有强势的责任感。我想到的第一件事就是不被乌纱帽左右，如果你认为我做得太过分了，把我免掉了也不足为奇。但如果给我做，我一定要坚持原则。"

李俊涛曾认为，董明珠是"充满了正能量，是一个有魄力、有能力的女人，有傲气很正常。董明珠就是格力的灵魂人物，一个事业心极强的女强人"。

董明珠的个性很复杂，别人说她霸道、强势、铁腕、严厉、泼辣，而她则认为自己是个内向、腼腆、害羞、乖巧、随和的人，她也有强烈的道德洁癖。

小时候，她的口头禅是"好啊""可以""没问题"，那时候如果手里有一张电影票，而别人又十分想去看的话，她会主动送给别人看，她觉得那是为别人。如今涉及到国家与企业，她更是当仁不让，因为这不再是个人的事情。自己的利益可以让，但国家的利益不可以。

在国有体制内，在复杂的商界环境里，她能坚持自我和原则，不妥协、不退让、不苟且，活得堂堂正正、光明磊落且意气风发。她依靠努力，带领格力走向世界品牌，她被《财富》评为2016年"全球50名最有影响力的女强人"，但说到底，她仍然是一个女人。

刚工作时，有次出差坐火车，因为担心在众目睽睽下吃相太难看，她硬是忍着一整天没吃东西。这跟人们印象中那个敢说、敢做的董明珠简直是截然相反。

跟天下所有女人一样，董明珠也喜欢漂亮衣服。她从来不穿所谓的职业女性套装，觉得太死板。她喜欢穿纯色的衣服，开衫搭配高领毛衣，使她看上去优雅端庄，举手投足间都格外有气场。她有一件价格2000元的衣服，穿了整整12年。对于打折的衣服，她也会去淘货。她的衣服都不贵，但穿在她身上，却显得高贵而有气质。她爱搭配，用亮丝巾或者项链来点缀自己，最常见的是她脖子上的一串珍珠项链，她在许多场合都戴过。

在不少企业里，领导都会给员工推荐一本书籍阅读。董明珠向下属推荐的是《习近平关于党风廉政建设和反腐败斗争论述摘编》。"老百姓对美好生活的向往，就是我们工作的方向""我只知道我是卖空调的，要把空调这件事做好。我们是一个社会的细胞，要把我们的细胞做成最健康的细胞"。

有一次，她跟几个同事一起聊天，提到未来几十年，她说："那时候我们也都不在了，"气氛顿时有些低沉，她转而又笑着说，"到时候我们就在天上看着他们继续卖格力空调，我们在天上也继续卖。"大家都随声附和，这情景实在令人动容。

无论是内向随和，还是霸道总裁，抑或最具娱乐精神的企业家，每一个角色都是最真实的董明珠。她就像一头母狮子一样护着自己的幼崽——格力，不顾一切，竭尽全力，同时又温润痴迷地对待它，这种看似水火不容的复杂的爱，正是她最迷人之处。

返利经销商

只要违反原则,天王老子也给我下马!

——董明珠

有许多不了解董明珠的人，只要一听到"销售千亿"就会忍不住瞪大眼珠，惊奇万分地问："她是怎么做到的？她有什么独特之处？"

董明珠成功的一个秘诀，就在于她独创了"格力模式"。

1995年的空调销售淡季，对格力而言无疑是一个很严峻的挑战。仓库积压着成堆的货物，产品卖不出去不说，公司还不得不向银行借债来购入原材料，而银行贷款利率高达7%，这意味着格力每年要支付1亿多元的利息。

为了解决这一麻烦，董明珠想出了一个全新的厂商合作模式。以往都是经销商先提货后付款，董明珠曾亲自经历过催债、要债的困苦，她太明白这其中的滋味了。所以，现在她决定"先款后货"，然后返利给经销商。

这个想法一经提出就遭遇格力大小经销商的一致反对，不少人直接打电话投诉到朱江洪那里。好在朱江洪支持董明珠，给了她自由做主的权力。

这样做的好处有三点：一是格力不必面对银行贷款的压力；二是避免经销商的不正当竞争；三是规范一些销售人员行为。

之所以这么说，是因为当时董明珠发现有些大的经销商为了牟利，不惜以降价方式打击中小销售商，造成了市场混乱，迫使一部分人退出格力经销网，并且对生产商的利益也造成了严重危胁。同时，还有一部分销售人员由于销售业绩大，妄自尊大，不仅无视公司其他技术人员，还吃回扣，更有甚者还和经销商争利，自己开起了公司。

1995年，董明珠刚上任格力销售经理没多久，曾有一个年销售额达1.5亿元的大经销商找到董明珠，他用傲慢而不容置疑的态度向董明珠要求特殊待遇。这种情况下，换作别人即使内心不满，也要满口答应下来。毕竟能做到这样的销售业绩是很令人刮目相看的，对格力电器来说，这也是一个可以长期合作的优秀伙伴。

但董明珠不这么认为，她觉得这种人一旦纵容，对其他经销商来说就不公平，而且会让一些小经销商失去奔头。

事后，董明珠把他从格力经销网开除。她的理由很简单：只要违反原则，天王老子也给我下马！

霸气强悍的董明珠让不少人为她暗地里捏了一把汗。这样的魄力不是每个人都有，摆在她面前的道路只有一个，那就是成功。但她不怕，她就是敢！

在这种情况下，董明珠及时做出对策调整：凡格力的营销员不许拿回扣，否则立即开除；对营销业务员考核不再是以销售额衡量，而是看与经销商沟通、市场调研、价格监督的工作量；格力销售人员全国只有23名，每人只负责一个省，不负责发展网络，而销售商要分级，每个地区有几个有限的一级销售商，一级负责发展二级。董明珠说："我们要靠制度来发展经销网，而不是一两个能干的营销员。"

与其把钱都给银行，不如达到厂商互惠共赢。董明珠不按常理出牌，让格力的经销商欢呼一片。这种独具一格的销售方式得到了认可，也调动了经销商们的积极性。仅在1995年淡季，格力空调回款就比上一年增加3倍以上，足有11亿元，并且在保质保量的情况下，格力的经销商们还获得了6000多万的返利，形成了双赢的局面。

1996年又一个空调淡季，各大空调品牌开始大幅度降价处理，董明珠规定格力经销商，不许降价1分钱，并且还拿出1亿元利润的2%，按销售额比例补贴给每个经销商。这种财散人聚的方式，让格力在当年空调业最困难的时刻脱颖而出，格力销售增长17%，首次超过了春兰。

因为缩小了营销队伍，每年至少省下了几千万。1997年，董明珠又拿出2.5亿元返还经销商。董明珠说："只有经销格力赚钱，才能长治久安。"

此外，董明珠还把紧俏的空调平均分给经销商，避免大经销商搞资源垄断，造成市场混乱。她还推出了空调机身份证，让每一台空调在营销部备案。

1998年，3月的淡季还未过去，4月的旺季还未到来。不少经销商挖空心思把旺季从4月提前到3月，由此获得更大利润。董明珠却再出奇招，她宣布把淡季延长1个月，4月继续实行3月淡季价格。

据说当时有一个大公司，准备购买美的、日立、格力三个品牌，按照4∶4∶2的比例进货。但当他们听说格力延迟了淡季日期，这家公司总经理立即打电话给部下，要求全部进格力的货，并一次性打了8800万元货款给格力。此后众多经销商纷纷抢买格力产品，等其他空调生产商回过神来，却发觉为时已晚。他们只能发出感叹："董明珠也忒狠了——这么多年，我们怎么就没有想到这一招。"

其实，董明珠哪里是"狠"，她只是在处处为公司大局着想的同时坚守原则而已。不妥协退让，不质疑自己的决策，不贪图一时小利，不对大经销商放纵，不轻视中小经销商，坚守制度、恪守职责、有福共享，这是看似"大智若愚""大巧若拙"的做事风格，才是董明珠的成功之道。

冲董阿姨来应聘

一个人最大的缺点是不愿意付出，老觉得自己吃了多大的亏，老想着自己做了多大的贡献。我认为凡是觉得自己怀才不遇的人，就是一个没才的人。世界这么大，总有你的舞台，你不愿意吃苦、不愿意吃亏，就失去了成才最基本的条件。一个人的心胸有多大，他的事业就有多大。

——董明珠

谁见过一个千亿公司的总裁当众曝光自己的微信号和手机号？恐怕全中国你都找不到第二个这么可爱的商界大佬了，而这个人就是江湖传言中性格火爆、不近人情的董明珠！

　　看过浙江卫视的《我是创始人》的朋友们会对现实中的董明珠有个很鲜明的印象，其实她也是一个会卖萌，微笑起来显得温柔、随和的女性，特别是她眯起眼睛笑的样子，那弯弯月牙儿似的眼角弧度，让她整个人显得尤其甜美，萌化人心。抛开霸道总裁这个身份，生活中的董明珠与其他女性根本没太大区别，她一样会在买东西时与人砍价，会在商家给了她一点点便宜后笑靥如花。那种很满足的感觉，就像是一个需要人呵护的小女子，她骨子里其实自带一种与众不同的女人味。只不过，当这种女人味与她的工作身份不相和谐的时候，她就会瞬间回归到她威严而不容置疑的强大气场中去。这种角色的转变，看上去是如此自然，并不是刻意为之，它只是另一面的董明珠，是我们大众熟识的那个商界女王而已。

　　在董明珠的身上，你看不到丝毫的矫柔造作，她在任何重要的场合下几乎都是严肃的。特别是需要决策的时刻，她更是眉头微锁，无意中就透出一股女王范儿，而这是不具备很深阅历的人想学都学不来的。

　　对董明珠来说，带领格力走向世界就是她的使命，她只有努力地勇往直前，才不会觉得此生有憾。对于钱的多少，那都是次要的问题，因为她的年薪扣除交税，也才不过200多万。她是那种追求情怀的人，而许多人对"情怀"这个词，似乎早就淡忘了。

在《我是创始人》节目中，她所在的团队要与对手竞销商品，她的一句话特别震撼人心。她直言不讳地说："东西卖给老年人要便宜点，我们不能为了赚钱，而让别人认为我们是一个特别奸诈的人。"

这话出自一个性格火爆的霸道总裁之口，着实让人感慨：董明珠，其实性格挺直的，她很淳朴，她说的每一句话都是大实话，没有太多修饰。而对于每一个需要在工作岗位上能给自己定位，并且能"遇到内心深处最善良的人"的求职者来说，跟着董明珠干事业，就是一种欢乐，就是一种荣耀。

2016年12月，在吉林大学珠海学院体育场举行的广东省2017届高校毕业生珠海地区专场供需见面活动时，珠海银隆新能源的招聘现场出现了一片别开生面的热闹景象。珠海银隆受到了前所未有的热捧，学生的队伍排成了长龙。

在233家用人单位提供的5800多个岗位中，珠海银隆的场面显得异常火爆。不少学生直言，之所以选择这里就是"冲着董阿姨来的"。还有人说，因为董明珠公开投资并看好这家企业，自己才愿意前来应聘，他们说"跟着董明珠是没错的"。

学生们相信董明珠，是出于对一个人了解之后的信任。对于董明珠来说，这也是社会对自己的另一种补偿，一种无可言说的满足和欣慰。

而董明珠对大学生们也给予了很大的期望。她曾说，"你们是未来格力电器发展的栋梁，你们比任何事情都重要，未来什么样子掌握在你们的手上。我只提供平台，提供机会，谁能抓住机会，谁就能走上这个平台，一切取决于你们自己。你是中国人吗？你是中国人就应该要知道自己要做什么。我们个人不应只是为了自己的富有而工作，我们要让中国因为我们的出现而光荣，让我们的国家强大，这应是我们每个年轻人的梦想。"

谈及梦想的实现，她特别强调一定要有吃亏精神。"一个人最大的缺点是不愿意付出，老觉得自己吃了多大的亏，老想着自己做了多大的贡献。我认为凡是觉得自己怀才不遇的人，就是一个没才的人。世界这么大，总有你的舞台，你不愿意吃苦、不愿意吃亏，就失去了成才最基本的条件。一个人的心胸有多大，他的事业就有多大。"

从小事做起，活好每一天，每天保持奋斗的状态。即使年纪逐渐大了也不会没有激情，为了梦想，永远不会停步，这才是一种完美的人生。对董明珠来说，她的梦想还在继续。而对求职者来说，他们的梦想就是追随一个有梦想的人，然后让自己也成为那样的人。

也有一些年轻人希望通过开网店来改善人生。董明珠对此持的是反对态度。她知道那些希望找个"工资还可以，但要轻松些，不脏、不苦、不累、不加班、不熬夜的岗位"的年轻人的软肋在哪里，那是一种好高骛远、拈轻怕重的择业观、价值观，她觉得那样不好。如果所有年轻人都跑去开网店了，那中国的制造业怎么办？谁来推动社会的进步？到时候一旦出现用工大饥荒，对国家经济发展也会是一种伤害。

"空谈误国，实干兴邦"，选择相信董明珠的人，一定都懂得这个最浅显的道理。

第三章
胸怀大局，势不可当

本章阅读

★宁愿自己吃亏,也绝不亏待消费者

★给股东分红数额之大超乎你想象

★用民族英雄的胸怀去做企业

★公司利益高于一切

宁愿自己吃亏,也绝不亏待消费者

> 为什么很多人惋惜乔布斯的早逝呢?那是因为他一生的奋斗精神令人们尊重他、敬仰他。
>
> ——董明珠

有记者提问董明珠："你成功的秘诀是什么？"

董明珠很干脆地回答："吃亏。"

"吃亏是福"，这是董明珠的理念。在一个虚拟经济发展庞大而迅速的时代，不少人早已放弃走工业化道路，很多制造业不是为了改变别人，而仅仅是模仿别人。还有很多人会选择去赚钱多、利润大的产业，而格力空调有的一台可能才赚几十块。但董明珠认为应该坚持下去，要有这样的吃亏精神，虽然利润少，但也具有挑战性，这种挑战性就表现在一个人的"工业精神"。她并不把自己当成"商人"，商人是拿了货再卖给消费者，从中赚取利益，并没有过多考虑他的责任，董明珠认为做生意需要"工业精神"。

对利益的追求，是商业精神的最大特征。若社会缺少对商业伦理的监督，那么整个社会将缺失责任感。对金钱的追逐被放大到了极点，评价一个人、一个企业的成功，往往摆在台面上的，第一就是钱。这种浮躁的思想严重影响了很多人，对青年人的成长也是极为不利的。

"中国制造业基本上依赖别人的技术，如果我们都去投资，哪个赚钱我们就往哪个方向倾斜，你不可能静下心做基础开发和研究。"董明珠说，"真正的制造业要追求一种价值，而这种价值就是要放弃更多的东西。"

商业精神和工业精神的区别就在于人的灵魂问题。一个是自我的，一个是社会的。一个不愿担当，一个处处为社会、为服务对象考虑。

董明珠认为要想抵得住诱惑，就要避免投机心理。如果投机心理过重，就会一味追求更大的利益，就不可能静下心来做好一件事。评判一个企业并不会考虑它赚了多少，而是它的产品给别人带来了什么。如果空调市场上别人第一意识就是要买格力空调的话，那这就是对格力所投入的最好的回报。企业只有自足长远，不怕吃眼前亏，才能成长起来。

2001年，董明珠赴日本，希望能够购买多联式中央空调的技术，但被对方一口拒绝。回来后，董明珠便放弃暂时的市场扩大计划，转而攻坚核心技术。她对技术的投资没有预算，需要多少就给多少。即使这种技术在短期内看不到成效，在很长一段时间内令她"直冒冷汗"，但她依然坚持下去。甚至有时候，仅仅研制一个核心部件就要花上四五年的时间，她也没有放弃。再比如冷轧板比镀锌板一吨要便宜1000多元，但她依然坚持使用镀锌板，她把踏踏实实做事的工业精神视为格力的生存哲学。

董明珠说："格力就要吃点亏，从微利的低端产业链走出来。"20多年来，就是靠着这样的坚持，格力在技术研发和自主创新方面多干实事、少说空话、长期作战，耐得住寂寞，守得住底线。以技术驱动的格力，独创1赫兹低频控制、高效离心机、光伏直驱变频等核心技术，一万四千项技术专利傲视同行。同时拥有4个研究院，5000多名专家和技术人员，成为全球空调技术的领跑者。2003年，格力空调比第二名多13亿元销售额，到了2011年，格力的销售收入已超出第二名250亿元。

在中国家电行业里，格力绝对是一个异数。中国家电企业绝大多数都是多元化发展，董明珠却坚持专业化发展。她说："真正的工业者必定是'工业精神'的实践者,有理想、有抱负、有社会责任感,愿意为长期价值放弃眼前利益。真正的工业者会把推动社会进步作为自己事业的核心,而非简单地获取利润。中国要发展,需要的就是这种真正的工业者和他们的'工业精神'。他们要获得利润,但并不仅仅为了获得利润。他们的利润是靠自由自主创新所实现的核心技术带来的。我自认不是一个聪明的人,只是一味朝着认定的方向前进。对我而言,我所在的格力电器的方向,就是我的方向。我希望格力空调能成为世界上叫得响的品牌,能让中国空调业在国外同行面前挺直腰板。为了这个目标,我们只做空调,不给自己留后路。为了这个目标,我们建起中国最大的空调实验中心。为了这个目标,我们一直不愿意多说什么,而是全力服务于我们的顾客……"

在董明珠的办公室桌上一直摆着一本《史蒂夫·乔布斯传》,在董明珠忙碌的生活里,看书是她为数不多的爱好之一。她觉得书里的生活真好,为什么她不能像书里的人物那样生活呢?相信爱情、生命、自由,也做一个有价值的人。她感慨于乔布斯的逝世,但同时,她又说:"很多人都惋惜乔布斯的早逝,但这也正是乔布斯奋斗人生一个最好的注解——让人都尊重、记住他的精神。"

在格力,管理都是透明化、简单化的。每个员工都能在自己的岗位上找到荣耀感。员工不会以职务高低来衡量成功与否,而是以工作上的尽职尽责来作为荣誉的标准。一线员工每年的年薪从5万起不断增加,而企业也愿意将发展的利益与员工分享。

施振荣有个"微笑曲线理论",即加工制造位于产业链附加值曲线的最底端,利润相对薄弱,企业如果要获得更多的附加值,就必须向两端延伸——要么向上游端的零件、材料、设备及科研延伸,要么向下游营销端的销售、传播、网络及品牌延伸。总体而言，愈向两边走，企业获得的附加值就越多。对此，董明珠很严肃地说："谁都不愿意在底部，但是我想，总要有人做出牺牲，这个社会总得有一小部分人敢于站出来担当，他们的存在给别人带来了改变，制造业就是这个作用。没有制造业，抽调底部，你的微笑已经不存在了，'中国制造'为什么不如别人，为什么精度不如人家？除了我们想赚快钱，更重要的是我们缺失了担当精神。"

这种担当精神，就表现在"吃亏"上。格力电器从1997年起就不再向银行借贷，而是通过自身的资金来谋求发展。2001年，格力开始在重庆建设生产基地，当年就给国家和地方创造了3000多万元的税收。重庆基地的员工有8000多人，年生产家用空调500万套，有力带动了当地经济的发展。2013年，格力电器已在全球建立了九大生产基地，专卖店几万家，自主品牌空调远销200多个国家和地区。

同时，格力的社会担当还体现在股市上。格力上市时募集资金不足7亿元，而到了2013年，格力给股民的分红累计超过84亿元，企业的总资产额超过1000亿元，累计纳税超过290亿元，实现了股民、企业和国家的多赢。

竞争对手用"董明珠走过的地方连草都不长"来形容她，她的"处处吃亏"，也让她失去了很多。但她依然坚持这种精神，她知道要做成一件大事，就必须敢于"舍得"，只有"舍"，才能有"得"，她坚信"成功的企业家不是靠打高尔夫球就能打出来的"。

站在人生至高点上，她清醒地明白，权力越大，放弃的东西就越多。而她早就把"吃亏"当成"福报"了，因为她活得相当坦荡，她活出了自己的价值。

给股东分红数额之大超乎你想象

股市有什么问题？你没有信心你就卖，我有信心我就买，这有什么的。格力（的股价）没有任何人去炒，我从来不过问股票，我对股票没有兴趣。我不是靠股票生存，更不是靠股票去发展。股价对我来讲没有任何意义。我没有什么承诺，我只承诺一点，就是每年都有分红。你信，你就投。

——董明珠

2015年，全国人大代表董明珠曾建议，上市公司应该坚持年年分红回馈给股东。她说："现在很多公司都想上市，但如果上市只是为了圈钱，那么上市公司数量越多对社会而言就越是个灾难。企业上市之后确实能够从资本市场募集到资金，但有的公司拿到钱之后依旧年年亏损，到快退市了就卖壳，我认识的有些上市公司就是这样，这种行为必须要检讨。所以企业要思考的问题是，投资者给了你好处，你能给投资者什么好处。我建议上市公司必须要坚持年年分红来回馈股东。"

格力自1996年上市以来，除2006年外，每年都有分红，包括18次现金分红，只有1997年未派发现金。上市以来，格力累计分红309.64亿元，累计实现净利润760.52亿元，分红率40.71%。2011年，格力分红方案是"每10股派5元"，分红金额超过15亿元。

自2012年董明珠就任格力董事长以来，格力的分红力度较以往更甚——格力电器整体分红规模超过30亿元人民币，相当于格力电器2012年全年73.80亿元净利润总额的五分之二。其"每10股派10元"的2012年度权益分派方案在当年5月20日召开的股东大会上获得通过，当时被称为A股市场"最慷慨"的公司之一，这一方案刷新了其分红史上的最高纪录，也创造了新的财富故事；2013年，格力净利润74.46亿元，现金分红30.08亿元，股利支付率40.4%，而在此之前的5年内股利支付率最高的2009年也只有32.04%；2014年，格力的股利支付率提高到63.31%，当年142.53亿元净利润中90.24亿元被用于分红；2015年，虽然遭遇上市以来的营收、净利同比双下滑，但格力仍提高了分红比例，股利支付率达到71.48%。

经过统计，董明珠领导格力时，累计分红达255.68亿元。在一次临时股东大会上，董明珠称"格力没有亏待你们，上市公司有哪几家这样给你们分红？我5年不给你们分红，你们又能把我怎么样？两年给你们分了180亿元，哪家企业给你们这么多？"仔细品味这几句看似傲慢的话，其实却透出一个很关键性的信息，那就是格力的分红几乎是首屈一指的，两年就给股东分了180亿元，董明珠并没有让股东吃亏。

按说，在这种情况下，董明珠建议收购珠海银隆的方案应该顺利通过才是，但最终却没有。这次股东大会，中小股东联手让多达15项决议未能通过。这里面说明了一个关键性问题，虽然董明珠贵为董事长，但她个人持有的股份太少，而决定董事会人选的核心却是股份比例，在变数很大、环境复杂的情况下，大比例持股的几个股东才掌握最终发言权。尽管董明珠辛苦一辈子打下了江山，可是这座江山的话语权不在她手里，这是很冤的一件事。

在商界，实力很重要，但利益更重要，最终起决定作用的，还是那些有绝对话语权的人。这些话套在格力身上真实得赤裸裸，甚至有几分残酷。也让我们看到了想做大事的董明珠被企业内部的自己人绑住了手脚，她无力施展。而那些存心拖后腿的、打自己小算盘的、犹豫不决的、求稳求短期发展的人，却在左右格力未来的发展。

有人说，董明珠提倡分红，她自己每年会分得不少利益。但说这话的人忘了，她不是一人独得，她是资源共享，而且力争让每个人都能多得，这是其他企业所不具备的。

有记者专门就股市问题提问董明珠,她的回答很干脆、很直接、很坦荡,她说:"股市有什么问题?你没有信心你就卖,我有信心我就买,这有什么的。格力(的股价)没有任何人去炒,我从来不过问股票,我对股票没有兴趣。我不是靠股票生存,更不是靠股票去发展。股价对我来讲没有任何意义。我没有什么承诺,我只承诺一点,就是每年都有分红。你信,你就投。"

局外人总喜欢用自己的观念揣测别人,但当事人有时候做事往往考虑的却不是个人利益,比如董明珠就是这样的人。她很倔强、很独特,不是你一眼就能看透的,但有一点谁都看得明白,那就是作为格力的领导人,她做任何事的第一出发点,肯定是希望格力越来越好。没有人愿意看到自己一手养育的孩子中途夭折。格力在空调行业孤独求败,跨界进入新能源汽车领域,只是带领公司走向多元化道路的一个新的尝试而已。在2016年10月28日的格力临时股东大会上,董明珠很坦诚地强调,格力在空调领域市场份额已经达到约40%,"再有增长空间也不大了,是神仙也没办法,必须要扩张"。

但银隆收购失败,董明珠被迫退出格力集团,也就是说,格力电器在转型和公司最高统治稳定战略主导权问题上遭遇挫败,以后若再推进战略转型和候选人安排,将难上加难。

一路走来,董明珠给人的感觉都是霸气十足,"走过的路不长草""从不犯错"。但是正是这样,或许才间接说明了一个道理,那就是她唯有强悍起来,才能捍卫自己的处境。否则人善人欺,她将没有立足之地。强悍只是伪装而已,如果可以,谁不愿意做个人人讨喜的温柔女子呢?或许这就印证了"环境决定论"。而真正强势的领导,一言就定乾坤,根本不会有人跟他去争辩、作对。

如今,格力就像一艘巨艇,正在漫无边际的深海中航行。而行船需要舵手,只有尊重舵手、信任她,做到万众一心,才能安全平顺地驶向彼岸。海面辽阔,格力还需要付出更大的努力。

用民族英雄的胸怀去做企业

> 我觉得选上不选上,股民会有正确选择,如果真的有比我优秀的人,如果他们说选上了这样的一个人,我又为什么不高兴呢?

——董明珠

人活着的意义不是为了自己,而是为了全天下的人。我们要把国家标准、国际标准作为门槛,以消费者的需求为最高标准。因为我们的创造给消费者带来更美好的生活才是我们的目标。

这是董明珠在接受记者采访时曾经说过的一段话。对很多人来说,格力的成长和发展跟"董明珠"这个名字是联系在一起的,因为我们可以很鲜明地感受到,她是在用一种民族英雄式的情怀做企业,她的人生价值定位在为所有人服务,她心怀的是天下苍生,她的格局很大,格力在她的带领下,绝不会差到哪里去。以下这些事实就是最有力的证明:

2010年,格力"1赫兹变频技术"纳入"国家火炬计划",并于次年荣获"国家科技进步奖",该技术被鉴定为"国际领先",在舒适和节能方面创造了新的技术标杆。

2011年7月14日,全球首条碳氢制冷剂R290分体式空调示范生产线在珠海格力电器正式竣工,打破了国外技术垄断,并顺利通过中德两国联合专家组的现场验收。

2012年5月,董明珠升任格力电器董事长兼总裁这一年,格力成为中国首家超过千亿的家电上市公司。2012年12月,格力双级增焓变频压缩机被专家组鉴定为国际先进水平，其改写了空调行业单级压缩机的百年历史，并首次实现全系列双级增焓变频压缩机产业化。

2013年和2014年格力光伏直驱变频离心机、磁悬浮变频离心式制冷压缩机及冷水机组先后被鉴定为"国际领先"。2013年实现营业总收入1200.43亿元，净利润108.71亿元，纳税超过102.70亿元，是中国首家净利润、纳税双双超过百亿的家电企业。同时，数据显示，格力作为全球空调第一品牌，其科技实力、销售业绩和口碑影响均首屈一指，连续9年位居全球销售冠军，累计用户超过3亿。

2015年1月9日，格力电器凭借基于掌握核心科技的自主创新工程体系建设项目荣获"国家科学技术进步奖""企业技术创新工程类二等奖"，"国家科学技术进步奖"这个奖项是在国家层面设立的科学技术领域的最高荣誉，是对为科技创新有着重大贡献的组织的认可和奖励，这是格力第三次荣获"国家科学技术奖"。

2016年3月29日，高效永磁同步变频离心式冰蓄冷双工况机组被专家组一致鉴定为国际领先；2016年8月21日，集成了环境温度-40℃可靠运行制冷技术、抗震及抗风载结构设计、高防腐和高可靠性设计等一系列关键核心技术和百万千瓦级核电风冷螺杆式冷水机组，被多位专家鉴定为国际先进水平。

……

央视《面对面》的采访记者说："为民族发展做出了巨大贡献，为国人争得荣誉的企业家，都可以称为民族英雄。"从这个意义上讲，董明珠毫无疑问是我们的民族英雄。

"格力的发展不是为了盈利，也不是为了市场占有率，而是用技术改变这个世界",董明珠说,"国不富则民不强,作为一个有社会责任感的企业家,回报社会是我们义不容辞的责任和义务。"

在今天,环境问题已经成为一个不可忽视的重大问题,掌握国际先进的"绿色"技术,积极推进绿色环保节能技术研发,为地球"解围",为社会减负,是董明珠一直追求的目标。她有一个梦想,就是家庭能够成为一个能源管理中心,把太阳能和储能系统地结合在一起。

2012年,董明珠在北京参加人大会议,有人兴致勃勃地对她说:"雾霾来了,做空气净化器不就可以发大财了?"董明珠说,"我们是有社会责任的企业,虽然我们个人可以发财,但是我们用自然资源的消耗来实现利益,这样可持续吗?空调用电占到每年发电的30%,发电大部分靠烧煤,煤炭只能再烧50年,且会带来环境问题。"

那件事之后,董明珠就想,能不能制造出不用电的空调?既不破坏环境又能够让用户享用。之后,格力在研发投入上秉承"按需投入、不设上限"的原则,一直致力于绿色环保节能技术的研发和利用,直至开发了光伏空调。格力的光伏中央空调不仅是一个制热制冷产品,而且变相成了发电站,在使用时不用耗电,这款空调自备太阳能电池板,将太阳能转化为电能,完成了颠覆性的技术创新。

进军新能源汽车领域,也是董明珠这种"节能意识、造福社会"的思想动力使然。这个构想最终没有获得中小股东的一致赞同,也使董明珠卸任格力集团董事长职务。对于这点,有记者问董明珠,怎么看待她自己同格力集团之间的关系?董明珠说:"格力集团,原来是珠海工业发展总公司,因为'格力电器'做得好,这个名字他们拿去冠用了,所以有了这样的一个历史渊源。如果格力集团不叫格力的话,我相信没有任何人去关注它,那么(看)格力集团,同样有几十个企业,今天不复存在了,你认为是出资人重要,还是经理人重要?从某种程度来说,经理人比出资人更重要。如果一个家庭,没有一个很好的人去打理的话,你认为你一个(人)再有能力,(没有)在外面挣钱的人,这个家能过得好吗?同样一个集团下面那么多企业,为什么格力电器能活下来,而那20多家企业一个个都破产了,倒闭了,问题是人重要还是资本重要?我相信是人重要,绝对不是资本起作用。"

从格力离职的一个员工面对记者的镜头,是这么评价董明珠的:"其实,答应接受你采访时,我是准备狠狠吐槽一把的,对格力电器,对董大姐,我们员工是有很多意见的。但后来发现,我对这里的感情很复杂。我们的不满,只能通过骂董大姐来发泄。但如果让我们投票谁来管理格力,相信周围的人还是会投她。"

由此可见,董明珠是个严厉而不留情面的人,她让员工又怕又爱。谁不知道和颜悦色更能拉拢人心?但为了企业的发展,她不得不展示她霸道而强悍的一面。她的严厉正是她对公司负责任的体现。并且,不仅对别人如此,她对自己也是一向如此。

1995年,有个武汉的老总找到了董明珠的哥哥,希望借助这层关系,能从董明珠手里拿到3000多万的货物,同时他也会给她的哥哥几百万提成。

这对董家来说的确是个发财的好机会。但董明珠拒绝了,并且把哥哥打来的电话狠狠挂掉了。在她看来,倘若这次开了这么一条口子,以后就会有人想尽办法来"勾兑",这对公司来说是没有益处的,所以,她宁愿牺牲哥哥的利益。

这之后，董明珠的哥哥一直没有原谅她，他写了一封绝交信给她，两个人之间形同陌路，十几年再没讲过一句话。

早在2001年刚刚升任格力电器总经理，董明珠就一改常态，给公司制定了一系列看似苛责的制度。其实不怕得罪人的董明珠，本质上却是一个无比孝顺、随和的人。在家时，她从未跟妈妈顶过一句嘴；干销售员时，大家对她的印象也是淳朴、厚道、腼腆。当了"官"后，她才突然变得严厉起来。而她之所以如此，全是出于对公司负责、对员工负责的态度。她说："管理就一定要得罪人，不得罪人是做不好的。这时候挑战的，其实是一个人性的抉择，如果我去做个好人，当我去对别人指责的时候，别人就很可能会不认同我。"

"格力空调占据国内份额高达40%左右""在全球空调份额占比超过22%"，这些数据，无疑都是对董明珠的肯定。但随着董明珠的卸任，她以个人的名义继续投资珠海银隆，有许多人开始为她捏一把汗，认为她的举动会影响她在2018年的格力电器董事长竞选，但董明珠很豁达地说："我觉得选上不选上，股民会有正确选择，如果真的有比我优秀的人，如果他们说选上了这样的一个人，我又为什么不高兴呢？"

2015年有新闻报道，国内的许多人到日本旅游，回来时竟背着很沉重的电饭锅和马桶。2016年初，日本官方宣布了一组惊人的数字，2015年访日外国游客总数达1973.74万人，在日本消费总额比2014年增长70%，达到3.47万亿日元，两项皆创历史新高；2015年访日中国游客翻了一番，达到500万人，中国游客总消费额达1.41万亿日元。也就是说，2015年到日本旅游的中国人只占日本外国游客总数的四分之一，却贡献了全年41%的消费总额，约

800亿人民币。

中国制造这些东西的厂家可谓不少，为什么国人大老远从日本争先恐后买回来这些东西呢？这件事对董明珠的震撼很大，也让她心痛。她说："中国这么大的市场难道造不出这些东西吗？不是，而是我们太急功近利！如果制造业不能给老百姓一个安全、健康的产品，就是制造业的悲哀。中国企业（要想）走向世界，一定要创造技术，一定要高标准，要有'工匠精神'。'工匠精神'就是要跟自己过不去，你只有跟自己过不去，才能做出好东西。"

2016年3月8号下午，董明珠摆了一个"饭局"。白色的小餐盘盛着4种米饭，用A、B、C、D标注。它们的加热方式、米量和水量都是相同的。在场的嘉宾和记者都可以通过董明珠自媒体扫码投票，选出自己认为口感最好的米饭。

结果选择A米饭的有8人，选择B的有14人，选择C的是5人，选择D的是31人。而D正是出自格力的大松电饭煲，其他三款则是来自三个国外知名品牌。

董明珠说，她憋了一年的气现在可以消了。她等来这个结果就是要证明给国人看，国人争抢去日本购买电饭煲，是因为国人不自信！中国也有好的电饭煲，她要以此为契机，重建国人对中国制造的信心！

"我希望中国更多的企业走向世界，用的是我们的技术，用的是我们的品质，用的是我们的品牌，为全世界去服务，"董明珠说，"提升'中国制造'的水平，是我一生的追求。为了让国人不用到国外去买电饭煲，格力始终坚持核心科技和原创设计，用品质卓越的产品打动消费者，让国人爱上中国造，才能让世界爱上中国造。"

不管未来董明珠进入能源汽车领域的前景怎样,在她的带领下格力电器冲击被国外巨头长期把持的中央空调领域,并在2012年成功超越日本大金成为中国市场占有率第一的民族品牌,2014年又成功研制出磁悬浮变频离心式制冷压缩机,打破了世界上仅有丹佛斯一家能够生产此类机型的局面,真正填补了国内空白……这些都足以证明,她梦想"让格力走向世界,让全世界的人尊重格力这个品牌,让更多人因为格力了解中国",都是实打实的,都深刻体现了她的爱国情怀。中国实体经济需要她这样的人来掌舵,中国经济真正傲立于世界需要她这种执着不悔、大公无私、为民造福的精神。已到花甲的董明珠,她当之无愧值得我们尊重和支持!

公司利益高于一切

> 道德是第一位,要忠诚自己的岗位。如果没有道德,他就不是人才。尽管你懂技术,你依然不是人才。
>
> ——董明珠

在格力，偶尔也会发生一个现象，那就是人才流失。外界认为格力人才被别家公司挖掘走了，所以推断格力在管理方面出现了漏洞。但董明珠却给外界猜测一个准确的回击，她说："挖人的现象就标志着格力是一个走自主创新道路以及赢得市场尊重的企业，否则它不会到你这儿来挖人，因为他觉得你这里人才好啊，所以才来挖人。但是恰恰有些走掉的人是我们免掉的人，我们认为不符合格力文化，也不能称之为是合格的格力人。"

对于这些流失的人，董明珠很洒脱，她说她并不惋惜，因为离开了格力就等于背叛了格力，而对于背叛的人完全没必要留恋。她唯独有一丝痛惜的地方在于那些被免掉的人没有深刻反思自己，没有继续挑战自己，没有从哪里跌倒就在哪里站起来的勇气，而是选择了简单的逃避。

在董明珠的眼里，没有什么比格力更好，当别人用年薪8000万来挖她走时，她拒绝了；当格力不少高管集体出走时，面对高压，她顽强地挺了过来；当前任销售员遗留下来的款项无人愿意去处理时，她义无反顾地迎难而上；当她追债成功，忍不住感慨要债艰难时，她觉得这种较劲是值得自豪的……

董明珠说："道德是第一位，要忠诚自己的岗位。如果没有道德，他就不是人才。尽管你懂技术，你依然不是人才。"她还说，"如果一个员工不忠于企业，那么越有能力越不能用。因为用得越多，对企业的伤害就越大。"

这就是她对企业、对员工负责的精神，而拥有这种精神的人，本身就是充满斗志的，又怎会因为暂时的挫折而妥协甚至跳槽呢？

2001年，董明珠就任格力经营部部长后，她意识到公司内部的队伍建设需要整顿，就举起了反腐的大旗。她先从公司总经理带的人开刀，来个"杀鸡儆猴"，锉一锉某些人的锐气。因为她的"多管闲事"，她曾被公司高管叫过去谈了好几次话，但是她并没有屈服，在她的坚持下，最终高管也"缴械投降"了。她的铁面无私、严格管理让公司的制度日趋完善，也让一系列困扰格力发展的"关系"随之化为乌有。

对有些人来说，可能营销就意味着"忽悠"，能把自己的产品忽悠出去，卖得一个好价钱，把钱稳稳地赚到手，那就是胜利，但对董明珠来说却不是如此。相反，她是看不起这种营销策略的。她对自己十分"苛刻"，她要求管理者要有'工匠精神'，一线员工也要有这种精神。

何谓"工匠精神"？就是要有挑战精神、吃亏精神。对自己的产品质量，要有鸡蛋里挑骨头的精神，给自己挑刺，一点儿不达标就打回去重来，绝不卖给消费者劣质产品。当然，也不鼓励消费者去买劣质产品，因为如果你这么做，就等于是在帮助那些企业偷工减料。

一个强大的企业，走出去靠的是技术、产品、文化和服务，这才是它真正的价值。董明珠有个愿望，就是希望格力能够成为代表具有核心竞争力的中国品牌，让"中国制造"走出国门，走向世界。为此，格力前些年一直在走专业化道理，宁愿走得慢一点、稳一点、利润少一点，也不急于求成地快速迈向多元化道路。她并不急功近利，但结果却是格力成为了世界500强企业，成了中国的骄傲。

为了维护企业的利益，形成企业的良好文化，董明珠不惜与老总进行斗争。就在她当格力经营部部长时，老总从广西带来了一个人，这个人依仗权势在公司做了一些不好的事情，让大家对他格外反感，但又无人敢得罪他。

为了企业的利益，董明珠决定站出来跟他"斗"。她对那个人说："我立了新规矩，没有人通知，你不能发货；没有钱，你也不能发货。"

有一天，董明珠发现此人偷偷发了价值40万元的货物。当时，那人的工资每月只有800元，董明珠竟扣了他100元，并且给予了通报批评。就在别人都认为董明珠捅了马蜂窝时，董明珠觉得还不"过瘾"，她又降了那人一级工资。

果然，第二天，董明珠就被叫到老总的办公室。老总神态严肃地对她说："你又罚款又通报批评已经够厉害了，而且他也把钱追回来了，没造成什么损失。"董明珠却回答："就是因为他是您带过来的人，所以我要严惩他。如果他没把钱追回来，他是不是也一辈子还不起这个损失？往往领导带过来的人，他干了什么，领导都不会知道。"

我们每个人在走向成功的路上，遇到最多的问题也许就是公和私的选择。做到公私分明，必要时舍得牺牲自己的利益很难，而董明珠却敢于担当，对于人际关系尤其是上下级关系，她从没刻意追求"面面俱到"，如果什么人也不敢得罪，可能董明珠就不会有今天的成功。

就是这种大公无私的精神，当年格力在董明珠的带领下销售额翻了7倍多。结果原本对董明珠有些意见的老总,最后仔细想一想,也觉得她说得极有道理,不仅没有处分她,反而还提拔了她。

一个处处为公司利益考虑的人,一个坚持原则的人,她一定会凭着自己拼搏无畏的精神,用实际行动告诉大家:人的一生不在乎拥有多少财富,而在于你一生为别人做过多少事。即使是斗争,也能在斗争的过程中改变别人,让自己成为一个令人敬畏的人。生命的意义在于贡献而不是索取,有一天,蓦然回首,你会发觉"给"比"拿"让人更愉快、更坦荡!

第四章
管人一定要得罪人

本章阅读

★ 数一数董明珠"得罪"了多少人

★ 央视演讲发飙,句句血泪

★ 百炼的钢,绕指的柔

★ 管理出人才,人才出创新

数一数董明珠"得罪"了多少人

我也许比别的女人强一些，但只是强自己，而不是强别人，我有强烈的反省意识。人生价值不在于一时辉煌，不在于实现个人价值，而在于把自己的才智与社会需要结合起来。说我霸道也好，说我厉害也好，但拥护我的人占90%以上。作为一个企业领导人，只要能得到90%职工的拥护，90%经销商的拥护，90%消费者的拥护，就证明我做人成功了。

——董明珠

喜欢斗争，可以看出一个人对事情的认真程度。有的人事不关己高高挂起，只要跟自己的利益不冲突，通常他们就会采取"睁一只眼闭一只眼"的态度。而董明珠却是个"爱管闲事"的人，任何事情，只要触犯了格力公司的利益，哪怕是天王老子或者是自己的家人，她都会毫不留情。讲究原则，在她身上刻下了深深的烙印，让她的对手甚至身边的人全都望而生畏。

前面已经说过，她上任后得罪最深的一个人，就是自己的亲哥哥。

得罪敌人不可怕，因为他们本身就是敌人，对自己不友善的人，即使得罪了心里也不会多难过。但对于自己的亲人，如果说得罪了而心情一丝一毫不受影响的话，肯定是没人相信的，因为越是在乎就越会伤心。

董明珠虽然以公司利益为重，但让哥哥因此而疏离自己，甚至怨恨自己，她心里定然是不好受的。然而她的顾全大局对一些人来说始终是不可理喻，不少人背地里笑她傻瓜。但她不在乎，她说："有人认为是体制问题，你是国有体制，给你家人做生意，最起码涉嫌为私人谋利吧？你对所有的经营者、合作伙伴的公平性就出现了偏差，你的诚信在其他99%的人心里产生了危机。我把哥哥拒之门外，虽然得罪了他，但我没有得罪经销商。我在格力真诚地为企业服务，赢得了广泛的尊重和关心，只是认真干工作，不可避免地要触及某些人的利益，自然会招致他们的怨恨和嫉妒。爱和恨是生命对我的赐予，与他们的较量，让我更清楚地懂得了我该如何做人。"

随着格力技术的不断开发、提升，格力时常受到同行业的觊觎。2015年4月，董明珠在一次会议上称，曾有国内某知名家电企业派人到格力来挖人，知道这件事之后，格力电器派人去将对方打了一顿。

对于坦诚自己打人事件，既显示出董明珠的霸气侧漏，又让我们看到一个无比真性情的她。对于2014年一年格力就有600多名技术人员被挖走的现象，董明珠义愤填膺。她说："以前我们被挖人的速度与培养人的速度还能成正比，现在我们被挖人的速度已经超过了我们培养人的速度。"又说，"国家要求创新不是要你偷人。我们每年投入几十亿培养人才，培养一个人才需要5到10年，我培养的人要挖走可以，你要给我钱。"

调侃对手的同时，不难看出董明珠对于这家企业的严厉抨击。事后，一向沉默的美的集团董事长方洪波站出来说："我可以明确告诉你，我们从来没有挖过任何人。而且我们内部已经明确了，只要是珠海那家企业的人，我们绝对不会用。"方洪波公开与董明珠对垒。

而董明珠对于方洪波的声明丝毫不畏惧，而是彻底撕开了这层面纱。她说："他们有没有到珠海挖人，到北京酒店一查便知。上次开会时给他们面子没有点名，其实就是他们。"

2014年12月14日晚，美的集团正式发布公告，确认与小米达成战略合作。美的将以每股23.01元价格向小米定向增发5500万股，募资金额不超过12.66亿元。发行完成后，小米科技将持有美的集团1.29%的股份，并提名一名核心高管为美的董事。

这也是中国家电业跟互联网的首次合作，有人因此调侃董明珠会不会也急着进军互联网。对此董明珠毫不客气地说:"昨天我在网上看了一篇文章说小米和美的合作了,董明珠有点儿急,我急什么?……如果有一天你的专利比我多,你的质量比我好,我才是真的有点儿急了,我得改变自己,我要加油了。"

同时,董明珠对格力公司的"叛徒"郑祖义也是毫不客气。2014年初,志高董事长郑祖义高调宣布成龙出任自己品牌的代言人,这似乎在明摆着跟董明珠撤下成龙代言的行为做挑衅。董明珠火冒三丈,炮轰志高没出息,并称郑祖义背信弃义,志高用的人,就是格力不要的人,"他以为用了成龙做代言,就能跟格力比肩了?他的出发点就错了,怎么有可能成功?"

不仅对美的、小米、志高开炮,2014年一次与格力经销商见面会的内部谈话中,董明珠还点评了海尔、奥克斯、TCL、海信等其他品牌,表示要以价格战"清场",直至把这些品牌全部消灭掉。

这样的后果是,苏宁联手美的、志高、海尔、海信、奥克斯、长虹,发起声势浩大的"破格行动",矛头直指格力。此次群起而攻之的商海大战,史上绝无仅有。

六大厂商还纷纷对董明珠做出回应,并十分默契地创造出了"你行我行"体:

美的:"做梦一统天下,你行!省电一晚一度,我行!"

志高:"大姐站台,你行!大哥代言,我行!"

海尔:"侵权盗版,你行!自主专利,我行!"

海信:"变脸比火气,你行!变频拼冷静,我行!"

奥克斯:"高价产品玩假摔,你行!高质省钱真功夫,我行!"

长虹:"十亿任性赌局,你行!十分军工品质,我行!"

其中,海尔甚至加班加点创造出了"有位阿姨(董明珠)最近话挺多,也提到了一些跟海尔相关的话题。对于这种舌尖上的风头,我们一般的原则是:阿姨,不约,我们不约。""我们不约"体,火速风靡全国。

这种看似具有娱乐精神的江湖大战,一边娱乐大众的同时,一边向人们证实一点:董明珠好胜的性格几乎把所有"友商"都得罪了个遍,人们送她一个绰号叫"灭绝师太"。

有人问董明珠:是不是你的观点被别人误解了,所以才上演了这样一出闹剧?董明珠说:"我跟这些企业也没矛盾,我相信他们心里头明白,也不是误解。"

对于得罪人这件事,董明珠彪悍地说:"一个女企业家如果可以用亲和力来改变事实的话,那全部让女性当干部就可以了。"

格力曾经在内耗和腐败的双重夹击下差点儿走不下去,是董明珠跟朱江洪的坚持,才最终为格力闯下了一片湛蓝的天空。董明珠一路走来越挫越勇,她根本不在乎外界对她的评论、围剿,她早已刀枪不入。她评价自己说,她这辈子从没做错过什么,所以她什么都不怕。在她的办公室里挂着一幅字:"献身企业忘自我,棋行天下真豪杰",这是那年她过生日时朱江洪送给她的礼物,她一直挂在最醒目的位置,时刻提醒自己,并引以为荣。

在格力工作26年,董明珠从未休过年假,没有自由,几乎所有精力都花在格力上,"睁开眼是格力,闭着眼睡觉的时候还是格力"。为公司,董明珠全情投入和付出,外人看来她光鲜亮丽,但是,董明珠却深知长期以来她做尽了"恶人"。她说:"企业有交易的地方就会有腐败,所以必须建立制度。这个过程就会得罪人，企业要建立完善制度，用制度约束自由散漫的人，所以我就要跟所有侵犯企业利益的人博弈。"

"也许我比别的女人强一些，但只是强自己，而不是强别人，我有强烈的反省意识。人生价值不在于一时辉煌，不在于实现个人价值，而在于把自己的才智与社会需要结合起来。说我霸道也好，说我厉害也好，但拥护我的人占90%以上。作为一个企业领导人，只要能得到90%职工的拥护，90%经销商的拥护，90%消费者的拥护，就证明我做人成功了。"

曾经说出如此豪言壮语的董明珠，今年却在一档真人秀节目中眼圈泛红，哽咽啜泣，瞬间挑起了大众的同理心。

不少网友力挺她：

"中国正需要董大妈这样的人来领导经济和社会建设，吸引同类，然后改变社会，改变中国的假大空社会风气。"

"说话直来直去的人容易得罪人，但董明珠就是这样的人，我喜欢。"

"支持你，董女士，你对中国家电业的贡献是任何人也磨灭不了的。"

"勇者就是无畏，战胜自己才是最难的。您有一颗强大的心，是不可战胜的。支持您！"

"一个人是否有素质，不是你已经拥有多少财富和朋友，而是在你最落魄无助的时候，你没有轻易开口也没有卑微地伸手向他人求助，而是靠自己的坚毅忍耐努力挺过来。本人就是这种性格，遇到困难，靠自己，比求人强一万倍。做一个永远帮助别人的人，才是真正的强者。"

"做女人不易，在这个始终还是男权社会的大环境里，你能够做到让众人敬仰、尊重更不容易，背后的心酸只有自己明白，你是个大家值得尊重的人！"

......

或许，拥有如此之多拥护她和理解她的人，对董明珠来说，这样的生活才是最幸福的。而那些所谓的"敌人们"，既是迫不得已，又是身不由己，她早就风轻云淡。

央视演讲发飙，句句血泪

我们今天看到的"野蛮人"的敲门，因为你太有钱了，但是你一个实体经济的发展，它要能够引领世界，是要有资本来支撑的，而现在很多人用经济杠杆来发财，那是对实体经济的犯罪！那些利用上市公司在圈钱、炒股价发财的"野蛮人"，坑害了实体经济，也坑害了股民。那些希望借助资本运作发不义之财的人，社会不会允许他存在！

——董明珠

1995年，格力可谓是四面楚歌，银行欠款，下游欠格力的款，这样的三角债使格力几乎寸步难行。这时候，董明珠带领格力，决定从制度上进行改革，结果营销策略让格力打了翻身仗，两年后，格力开始实现了自组资金。自1997年至今，格力已经做到1000多亿，还可以做到没有任何贷款。董明珠说："格力太有钱了，中国制造业要防止'野蛮人'侵害。"

对于董明珠的担心，在2016年11月格力电器宣布收购珠海银隆的交易失败后迅速出现了，且时间极为紧迫而凑巧。

11月16日，收购银隆告败后的格力电器复牌。11月17日，宝能系开始大举增持格力股份，持股比例由2016年三季度末的0.99%上升至4.13%，持股排名由公司第六大股东上升至第三大股东。

4.13%，熟悉A股市场的投资者都知道这个敏感的数字意味着什么，其距离5%的举牌线仅一步之遥。也就是说，那个曾击败王石的"野蛮人"：这一次以蛮横而赤裸裸的姿态站在了格力电器和董明珠的门口。所有人都惊呼："野蛮人"来了！

对于野心勃勃的前海人寿，近两年可谓是如雷贯耳。早在2015年，万科被宝能举牌后，就有人担心下一个被举牌的对象就是格力，因为格力电器完全符合业绩好、分红多、估值低、大股东持股少的被举牌特征。当时董明珠自信地回应："家电行业水深，竞争激烈，'野蛮人'不敢轻易进入其中。别人怎么想我不过问，但我要对自己的股东负责。"

但这次，董明珠也不得不严阵以待。前有收购银隆新能源跨界造车受阻，后有宝能系大举增持，"野蛮人"乘虚而入，一招不小心，格力就可能遭遇王石一样的命运。这对董明珠来说，绝对是一次严峻的考验。

大风大浪见得太多，董明珠的霸道与自信在此时也显露无疑。她立即做出给公司全体员工每人每月加薪1000元的通知，让员工能"共享创新成果，提升幸福感"。

这个时候的加薪可以说是形势所逼，也可以说非常必要。此举好处多多，一来让人们对董明珠抱以同情，二来可以稳定军心、维护领导权威，三来可以深化普通员工对格力电器的认同，增加企业凝聚力，起到"定海神针"的作用。

果然，峰回路转，宝能系的野蛮入侵不得人心，证监会主席刘士余在中国证券投资基金业协会第二届第一次会员代表大会明确表态："反对'野蛮人'强盗式收购。用来路不正的钱，从门口的'野蛮人'变成了行业的强盗，这是不可以的。挑战了国家法律法规的底线，也挑战了做人的底线，当你挑战刑法的时候，等待你的就是开启的牢狱大门。"这一公开讲话，打破了宝能系的如意算盘，顿时让人振奋无比，也让董明珠长长地松了一口气，实在是大快人心。

12月3日，第十六届中国经济论坛在人民日报社报告厅举行，董明珠作为论坛主持人出席并主持了上午的开幕式及颁奖典礼。谈到有关前海人寿增持格力电器股票的事情时，董明珠表示，她从来不主张把股票价格做高，不主张"低价进、高价抛"，真正的投资者是通过投资实体经济发展来获益的，这也是她所坚持的。她义愤填膺地指出:"我们今天看到的'野蛮人'的敲门,是因为你太有钱了,但是你一个实体经济的发展,它要能够引领世界,是要有资本来支撑的,而现在很多人用经济杠杆来发财,那是对实体经济的犯罪!那些利用上市公司在圈钱、炒股价发财的'野蛮人',坑害了实体经济,也坑害了股民。那些希望借助资本运作发不义之财的人,社会不会允许他存在!"

12月5日,董明珠在其自媒体上直截了当地以"董明珠:资本如果成为中国制造的破坏者,他们会成为罪人"为标题,刊发了对前海人寿的看法,直接做出回击,并引用了证监会主席刘士余的讲话。

12月13日,保监会专题会议再一次明确表示,保险资金运用必须把握审慎稳健、服务主业的总体要求,贯彻好三个原则:投资标的应当以固定收益类产品为主、股权等非固定收益类产品为辅;股权投资应当以财务投资为主、战略投资为辅;少量的战略投资应当以参股为主。

一个月后,事情发生了转变。前海人寿宣布,未来将不再持有格力电器股票,并会在未来根据市场情况和投资策略逐步择机退出。

惊心动魄的交锋终于让人们为董明珠松了一口气,她终于笑到了最后。这也意味着投机分子的虎视眈眈已然溃败,董明珠的一身正气无往不胜。

无数事实告诫人们:无论一个人多有钱,当他妄图坑害的是国家和人民的利益时,他的钱将变成令人唾弃和鄙夷的对象,他拥有越多便失去越多。而那些为国家和社会忘我付出、牺牲的人,人们总会惦记着她,无论前面的道路多么坎坷曲折,总会有峰回路转的那一天。

对于这点,我们一定要像董明珠一样自信而坚持。她的执拗是可亲可敬的,更是值得学习和效仿的。

百炼的钢，绕指的柔

> 当一个人的决策是站在大家的利益上考虑问题，而不是为自己谋取私利时，他就自然而然地占据了主动权。
>
> ——董明珠

在男性主导的商业世界里，董明珠身为一介女流周旋其中，游刃有余，她活出了真实又精彩的自我。万绿丛中一点红，她是个令人惊讶万分的异类，但她也是个柔情似水的女子。准确地说，她是个刚强与柔情并重的混合体，一位单身母亲，外地漂泊而来，一步步硬是凭着自己的努力与打拼，最终成为国企的总裁，她倔强而闪耀，开出了一朵绚烂无比的花，她就是个传奇。

能够在男权社会脱颖而出，与董明珠好胜、强势、永不服输的性格有关——只要是她认定的东西，她便勇往直前，绝不后悔，也不拖泥带水，更与她的智慧、能力有关。

市场经济的游戏规则异曲同工于自然界的竞争法则：弱肉强食，优胜劣汰，非霸道无以生存，非霸道无以成长。对此，董明珠心知肚明。所以，即便她内心温柔，她也必须像男人一样去战斗，因为只有比男人更霸道，她才能掌握更好的核心技术。她的口头禅是："我从来就没有失误过，我从不认错，我永远是对的。"

有人说她说大话，从古至今，有哪个人敢这么评价自己？但仔细回顾，在格力的20多年，竞争激烈，董明珠唯有用此法才能让自己不断前行。绝不能犯错误，不许犯错误，这是一种很强的心理暗示，而她靠极度自觉的韧性坚持了下来。

董明珠最崇拜的人是朱镕基，只要涉及到工作，她从不让"社会关系学"占上风，即使是自己的亲哥哥，她也绝不留情。

两会上，作为人大代表她直言："工作中没有柔情可言，和谐都是斗争出来的。"而她也知道自己说这句话时下属就坐在下面，她却视而不见。

读中学时，董明珠就表现出了性格强势而不服输的那一面。同学送她外号"常有理"。那时的她不爱游泳，认为穿着暴露，她非常羞涩和腼腆。后来辅导员对她进行了一番批评教育，于是倔强刚硬的董明珠一赌气，就跟着一帮曾经横渡长江的人去游泳。别人下水后各顾各的，而她刚一下水就沉了下去。不会游泳的董明珠只能在水里拼命挣扎，好在岸边有人看见并救了她。谈及这段往事，董明珠露出了羞赧的笑容，她说她当时抓住那个人的手，许久许久都不肯放手。

然而，溺水事件不仅没有吓着董明珠，从那以后，她下定决心一定要学会游泳。迎难而上的斗志被彻底激发，她说："真正的勇气在于你直面弱点并战胜它，我知道我的坚强是在骨子里的。"

独身一人来到珠海后，公司认为她的职业背景更适合干行政人员，但董明珠却认为，既然下海了，那就应该从基础做起，要做就做营销人员。

"既然到了珠海，就要在这个美丽的城市留下来；既然进了格力，就要挑战自己干出一点儿成绩。"她对自己说。

可营销界有个不成文的潜规则：男销售员要会喝酒，能说会道，八面玲珑；女销售员要年轻貌美擅长攻关，能把客户陪好了，生意也就自然而然成了。

这些特点在董明珠身上都不具备。她既不会喝酒，又原则性极强，她与这个磁场显得如此格格不入,以至于很多人都对她"另眼相看",认为她干不长久。

但董明珠对此丝毫不以为然。在她看来,一个人想要让对方屈服很容易,可以有无数种办法,比如金钱、权势、地位等,每一种都能让对方敬畏。但却不一定能让人心服,那样的感情也十分脆弱。只有以德服人,脚踏实地做出对社会有益的事情,才能赢得别人的尊重。

董明珠说:"当一个人的决策是站在大家的利益上考虑问题,而不是为自己谋取私利时,他就自然而然地占据了主动权。"在主动权这个问题上,她在严于律己的同时也的确做到了。从踏入格力的第一天起,她就暗暗发誓,一定要为公司做出点成绩。而她当初并没有想过自己将来会成为格力的董事长,她只是把自己的事情做好了,所以,无需她开口寻求,该属于她的也就应运而生了。这大概就是"付出就有回报"的道理。

董明珠特别喜欢唱周华健的那首《朋友》,尤其是"不经历风雨,怎么见彩虹"这一句,在格力的20多年,无论她经历了多少风风雨雨,她都会用这句话来安慰鼓励自己,在每一个关键时刻,她都敢挺身而出。

朱江洪是她的贵人,对她有知遇之恩,所以当朱江洪面临困难时,她不惜奔走相救;为了格力,她与他联手,一次次迎接万难,甚至不惜与国资委斗争,她心里有一杆秤,那秤砣就是公司利益。她的火爆脾气也就是在一次又一次的斗争过程中日渐形成的。她斗志昂扬,她知道落后就要被挨打的道理,所以,为了格力电器的发展,她可以牺牲掉个人所有的利益。

这么多年,董明珠一直单身,有人问她,这样的生活幸福吗?后悔吗?值得吗?她笑笑说:"有人说我牺牲太多,家里的亲情已经没有了。但你失去的只是一个小局部，你得到的是一个整体，你使一万多员工受益。就像细胞，我为我的亲人谋利就像是一个坏细胞，如果坏细胞不清除，蔓延开来，你这个人可就要得癌症。我要做一个健康的细胞。"

董明珠是寂寞的，她的员工会偷偷议论她，认为她忙到连看病的时间都没有，把一生都献给了格力，他们说她可怜。但董明珠追求的就是这样的生活，她觉得这样活着才有价值，人生才有意义。如果不是30岁那年，丈夫因病去世，或许她也会过着衣食无忧的日子，平和安顺，不必东奔西走，但命运既然如此，她就只有迎难而上，忘记过去，珍惜现在，挑战未来。这么多年，她早已经习惯了，对她来说，这样的生活或许更适合她，也让她感到充实。

人跟人是不一样的，世界上也没有完全相同的两片树叶。一个人追求合群的生活，可能她的才华就会被磨损掉，真正有能力的人几乎没几个是合群的。董明珠为了公司利益得罪过许多人，她知道这是必须要做的事，不然，她就无法带领格力走向更辉煌的明天。为了格力，她可以没有朋友。她自己也说，这么多年，她真的没几个朋友。

"少说话""多做事""干实事""耐得住寂寞"，这才是属于董明珠的标签，她弘扬"工业精神"。在中国制冷工业界，她把这种精神当作格力发展的信条之一，无论外界怎样质疑或嘲讽，她都一如既往地坚持下去。

董明珠从来不耍花腔，她说话很朴实，很实在，直截了当，一针见血。她理直气壮而光明正大地做人做事，毫不畏惧别人不解的目光，她有一颗坚定到无法动摇的内心。而对思想跟精神层面的追求，正是她寻找企业的正道，也是她做人的正道。她觉得一个企业领袖如果内心没有正道，是不可能把企业带好的，只有坚守正道，企业才能按照正确的标准去发展。她毫无畏惧，因为她心怀正道。

同歪风邪气做斗争，就必须不徇私情，不贪赃枉法，不以个人利益为主导，要建立严格的制度。而要遵守这个制度，就必然要得罪一些人，为此，她认为对的她就坚持下去，并且心怀坦荡。

抛开格力电器总裁的身份，本质上，董明珠就是一个女人，一个与大多数女人相似的女人。她也爱看韩剧，会为那些痴缠纠结的爱情泪盈眼眶，也会说出自己的感触来与人分享；她喜欢下棋，她把人生比喻为下棋。她说："下棋的时候，要不断思考，做事也一样，需要不断博弈。"她还爱照相，在她的办公桌上，摆放着各种令她自己满意的照片。只要有了满意的新照片，她都会及时把它放到相框里；她的手也很巧，她很喜欢绣花，而且绣得很漂亮。在南京老家的时候，家里挂着的窗帘和桌子上铺着的布帘，都是她自己亲自设计、刺绣的。每每提起这个来，她的脸上总是浮现出甜甜的笑容；谈及自己的儿子，她锐利的眼神就会笼上一层母性的光辉，传递给别人的，满满的都是温柔的母爱。谈到儿子的独立，她既欣慰又有点自责，她说这些年唯一的遗憾就是没能待在儿子身边好好地照顾他。但是如今儿子长大成才也非常懂事，个子长到一米九，研究生毕业，做律师，为人低调，又叫她感到无比的自豪。

工作这么多年，董明珠从未休过年假。只有偶尔出差方便时才会回家看一下。就这样，儿子成了"留守儿童"。每一次回家，儿子都不说话，只是紧紧地依偎着她，仿佛只要一松手，妈妈就会离开他。外婆叫他睡觉他也不睡，只是摇头说自己不困。但只要董明珠说"你先睡吧，妈妈过一会儿陪你"，他就会立即钻到床上去。

有一回，董明珠出门后发觉忘记了拿东西，又返回去。当她经过儿子的房间，想把被子掀开再看儿子一眼时,却发现儿子蒙在被子里已经哭得满脸鼻涕和眼泪。那一刻,董明珠的心揪得生疼,她才意识到,她对儿子的关心实在太少了。

可是儿子东东却非常懂事,他连忙把眼泪擦干,并且强颜欢笑,对她说:"妈妈你快走吧,我没事,没事。"

以后每逢想起这件事,董明珠都忍不住自责、内疚,这是她一生挥之不去的痛。

朱江洪这么评价董明珠:"董明珠这个人,嘴上虽然不饶人,但是内心却是真心实意地帮你的忙。刀子嘴,豆腐心。"

我们习惯看到一个人的外表,却鲜有兴趣去挖掘一个人的内在。外表看起来霸道的董明珠,其实内心也有似水般的柔情。她也是一个情感饱满而向往浪漫的女人,但是为了格力,她不得不武装自己,不得不收敛起属于女人的温柔,甚至放弃身为一个母亲的责任。她的人格是无私的,她值得每个人敬重。

管理出人才,人才出创新

最大的支持是严检,哪怕产品有一点点问题,你就给我退回来。

——董明珠

董明珠时常说:"一个企业想要强大,一定要有自己的自主创新能力,创新能力还是要有人才。"正是因为她对核心技术的重视,才使格力在技术上不断创新。同时,又让格力不得不面对一个比较无奈的问题,那就是总有人过来挖人。

面对这种状况,董明珠虽然气愤,却也大度而坦然,在公开场合,她经常提及此事,每次说起来,都离不了一个主题,她说:"我们被挖人是常态,因为我们拥有这么多核心技术。但我们从来不从其他企业挖人,因为我们比他们都先进。"这些话说得铿锵有力,给人自信满满的感觉。估计那些千方百计到格力来挖人的人听到后,都不得不打心底里喟叹。

"没有售后服务,就是最好的服务。我要把格力的产品做到极致,做成一个艺术品",董明珠说,"格力每年增长200亿,5年再造一个格力。"

2012年朱江洪退休,接任他董事长职务的董明珠,给自己定下了更为苛刻的目标。当然,她对公司管理也非常严厉。

2012年,格力电器全年销售过千亿,在前三季度家电板块51家上市公司总收入下滑1.97%的年景中,格力的净利同比增长41.34%。董明珠的首个目标,就这么轻而易举地实现了。

"朱总(朱江洪)的要求已经很高了,现在董总的要求近乎苛刻。她在市场上看到过太多优秀的产品，这意味着她对时尚和品位的要求更高。她的眼神很犀利，看一眼，几秒钟之内，就能指出问题的要害。当然，她的表达方式也比较严厉。"格力电器工业设计中心部长吴欢龙这么评价董明珠，言谈间既有敬畏，又有欣赏、崇拜。

董明珠常说，中国制造业最大的问题是不诚信、不尊重消费者、太急功近利，所以才会有那么多企业倒下。如果这个问题不检讨，制造业就会很危险。正因为有这样精准的认识，所以她"对自己舍得下狠手"。

2012年，一个美国企业代表团到格力工厂考察，走时，美国人竖起大拇指，送了三个字：自虐狂。

珠海的质检机构多次说"会多多支持格力"，这种别人花钱走关系做梦都不一定能摊上的好事，董明珠却并不领情。她一口否决："最大的支持是严检，哪怕产品有一点点问题，你就给我退回来。"

见过太多请求他们"多多支持"的质检人员直接愣住了。他们问她："别的公司都是希望我们'放一马'，你怎么希望我们再严点儿？"

董明珠直言不讳道："今天放一点儿，明天放一点儿，到最后，我的产品就变形了。卖出去，消费者会说格力不行了，美国人就要说你中国产品不行了。放一马，就是伤害，对我最挑剔，就是对我最爱护。"她对自己毫不手软，令质检人员也暗自钦佩。

有人认为，女性当领导，管理起来，可能会更人性化一点儿。但董明珠不认可这种说法。在她看来，管理不分男女，也不存在什么人性化管理，管理就是一种制度，在企业里，这种制度每个人都要严格遵守，且不论男女。她推崇的是军事化管理，在格力，人行道和车道是泾渭分明的，如果员工在车道上走路,就要被开除。并且,所有党员都要每天佩戴党徽上班,董明珠认为这样对员工有一种思想约束作用,可以时刻让他们提醒自己是一名党员,是党员就要保持党员的先进作风,并且还能起到让其他员工监督的作用。

在董明珠手下干活,几乎没有感觉不累的人,因为制度太严苛。但董明珠认为,"干部不好,员工才不好。好的干部,往往是敢于做'坏人'。一个事事对你点头的干部,可能正在伤害大多数人的利益。"

由于董明珠的思维太快,太有主见,又十分严厉,所以有一个湖北格力分公司的经理从来不敢给她打电话,每次有事了,只给她发短信,他说如果有些电话里答不出来的话,还有点儿时间让他缓冲一下。

一个行色匆匆又思维敏捷的董明珠顿时跃入眼前,她就是这样一个大刀阔斧且充满干劲的人,对自己如此,对别人也是。她以身作则,所以别人也都理解并尊重她。

在公司,董明珠常说一句话:"青年人要有梦想,才能去追求完美的人生。但梦想的实现必须要从实际出发,要看到自己所面对的责任和挑战,而作为企业,应该帮助青年人实现梦想,给他们更好的机会和平台,这样才能实现个人、企业和社会的共赢。"

她自己努力追求的一个方向就是能给青年人更多的施展机会。在格力,不超过30岁的年轻人有很多,从这些人中选拔人才,对她来说也是一个义不容辞的责任。而对于什么是人才,董明珠也有自己的想法。她认为人才应该具备以下几个条件:

第一,要忠诚,有冒险精神。格力有几千项发明专利,但这些技术人员并没有因此被评为专家,可是他们却发明了具有专家水平的专利,在董明珠看来，这样的人就可以称为人才。可是，技术创新的人才，还不是真正的人才，能为企业做出贡献，并且当别人过来挖你时能做到对公司忠诚、不为所动的人，才能称得上人才。

董明珠举了一个例子，2000年清华大学制冷专业博士后出站的人才，全国只有两个。其中一个就来到了格力，起初公司对他非常重视。可他要了小聪明，通过偷工减料来降低成本，并带着技术队伍天天跟经销商"勾兑"，这件事让董明珠知道后，二话不说就把他给辞了。

这样的人，在董明珠看来就不是人才，尽管他有非常高的学历和技术，人也十分聪明，但他的人品有问题。一个人人品有问题的话，那么这个人的能力越强就越可怕，越不能培养和重用。

第二，能力。每个人都要有特性，把自己的特性发挥到极致，就会成为人才。格力电器有8000多个技术人才，导致每一年都会有别家公司到这里来挖人，甚至连美国公司都派人过来。

"我们每年投入几十亿培养人才，培养一个人才需要五到十年。可是，我们很苦恼，希望税局给我们出出主意。"为此，董明珠还曾专门向珠海市国税局领导胡金木诉苦过。

人才主动跳槽或被挖走，一个根本的原因就是利益诱惑。面对金钱与权位，许多人选择了屈服。而有些公司不愿意花高价培养人才，却想用这种歪门邪道走捷径，造成了市场混乱，也导致人才大量分散，不利于创新与发展。还有一些人希望自己能与他人合作，搞不好还能获得股权，甚至有机会上市或被兼并，从中获得大量的财富。而这样的案例也有许多，因此，这些人就乐于冒这样的险。

在董明珠看来，这些"人才"都称不上"人才"，说到底，还是他们不忠诚。曾经面对8000多万的年薪诱惑，董明珠都毫不客气地拒绝了，她要的是她这样的人才，不为私人利益所惑，一门心思为公司着想，以大局为重，能够做到大公无私的人。那种"宁愿在宝马车上哭，也不愿坐在自行车上笑"的心理在董明珠看来是绝对不行的，她说："一个人想要成功，必须要有很好的价值观。"

在格力内部，一次自荐寻求新岗位的招聘活动中，有一个年轻人以他那严谨、认真、负责任的工作态度，引起了董明珠的注意。当时公司交给他办理护照的事情，他宁可夜里不睡觉，也要琢磨出很好的办法去办理护照。这种任劳任怨的精神打动了董明珠，她决定重点培养他。

后来，公司高层内部召开会议，大家建议让这个小伙子到人力资源部任职，但董明珠力排众议，坚决把他派到了一个分厂当厂长，她说："如果他是一个人才，那一定要让他下车间去锻炼。"

当分厂厂长是很严峻的考验，因为这个小伙子对技术根本不懂，但董明珠认为只要他肯钻研、肯吃苦，并且能找出员工及对公司不满的原因来，那么他就是成功的。

后来，这个小伙子果然没有辜负董明珠的厚望，他每天下班后就到员工宿舍找员工谈心，跟员工聊天，了解他们的所思所想，在沟通的过程中，指导员工如何开展工作。吃完晚饭再从员工集体宿舍跑到办公室加班学习，专门研究技术方面的书籍，琢磨产品，就这样刻苦坚持了4年。

接着，董明珠又让他负责检测产品，把他调到了筛选合格处。过去后，为了应对上游供应商跟格力拉拢关系，他又不能处处盯着，于是开始实施新的办法。他每天派工，谁都不知道自己分到哪个地方检测哪个产品，所以搞关系行贿也没有用。

两年后，董明珠又把他调到供应部，这是一个肥缺，是油水最多的地方，所有的原材料都要通过他才能进来。他去了之后上面有个副总经理经常欺负他，打他小报告。后来董明珠就找董事长商量，免去那个副总经理的职务，因为出了问题他根本不去管，而别人管了，他却看不顺眼，还挤兑人。

董明珠认为，凡是出问题而不去管的领导，无非是两个原因：一是贪，二是能力不行。后来这个副总就被撤职了，换了这个小伙子。而小伙也很争气，上来之后就大刀阔斧地干，他把别人送给他的礼物都放在办公室门外，这样以后就再也没人敢来送礼了。

在格力，像小伙子这样年纪轻轻就进入管理层的人大有人在。对董明珠来说，只要你肯干，对企业忠诚，勤奋努力，能吃苦，能接受住考验，她就一定不会亏待你。她有慧眼识珠的本领，前提是，你也必须是一块好玉。

董明珠时常对来到格力的大学生们说："我们读书的时候，尽管我们有这样那样的想法，但是我们基本是依赖型的，而一旦走向社会成为创造型的，要经历从一个不负责任到负责任的转变。就算不是一个你喜欢的职业，你走上这个岗位的时候，你也要对这个岗位负责任。到格力电器来的大学生都分配到不同的岗位，比如研究院，技术部，出口部，搞营销，但是每个人都有3个月的一线实习期，我不敢保证你们都成为人才，这取决于你们自己的选择，如果感觉3个月的锻炼很艰辛，就是混也要混下去，如果就想要坐办公室，以后可能不会成为人才，要秉承这种创业精神，准确地说，是一种奋斗精神。"

所谓"玉不磨不成器"，管理出人才，人才出创新。有了好的管理，才能沉淀好的企业文化，才能使企业更有竞争力，才能让企业人才辈出，并各尽其用。

第五章
让人信赖，能解决纠纷，赢得朋友

本章阅读

★国美、苏宁主动和解

★小米手机甘拜下风

★有一种投资叫王健林相信董明珠

★牵手京东刘强东

国美、苏宁主动和解

苏宁店里如果不卖格力空调,那就不叫卖空调。没有任何一家公司可以包下整个市场,为什么我们不包容一点。除了空调,我们还会让晶弘冰箱和大松电器进入苏宁渠道。

——董明珠

1992年深秋,董明珠被朱江洪派到南京开辟市场。在南京,董明珠认识了家电连锁行业的另一巨头——苏宁张近东。但两人第一次相识,就在电话里互骂了40多分钟,颇有戏剧性。

当时时逢空调旺季,苏宁的人说:"董明珠,我给你500万,你马上给我发货。"面对这种咄咄逼人的强势口吻,董明珠并没拿这张500万支票,她说:"我跟'五交化'有约在先,江苏是它来代理,我不能打破这个规矩,也不能见利忘义。"

于是张近东在电话里骂董明珠:"你这个家伙真不是东西,我给你钱你还不要!"

董明珠直接不客气地回他:"不是东西我也不给你货,你要货唯一的办法,就是到'五交化'去取。"

董明珠讲原则是出了名的,张近东却不晓得。他跟许多商人具备一样的思维,即有钱就要赚,哪有往外推的道理呢?况且,苏宁一直都是家电行业连锁店的一大巨头,他自然想不通董明珠有什么理由拒绝他。但他却出人意料地吃了闭门羹,这让他很不舒服。两人之间的梁子就这样结上了。

此后的岁月,两人多次互相指责对方"太强势",并且多次上演"真刀真枪"的对抗。例如2006年4月,他们之间的"战争"还在延续,苏宁40亿的空调采购大单里没有格力。苏宁高层给出的原因是格力采取的代理销售的模式，而格力高层未予置评。另一方面我们知道董明珠的一贯销售策略是："我要定一个合理的价位，我用这价位跟你合作，你不销我可以到别的地方去卖。"

与之相似的是，国美与格力的"分手"事件。国美是一家有着130多家连锁商城的全国最大的家电零售商，向来只有它欺负人，没有人敢欺负它。但董明珠是个例外。两家之间的关系，还要追溯到2004年2月春回大地的时候。

国美一向秉承"薄利多销"的原则，那年，它在格力背后做了一个小动作，即未经格力允许，成都国美便将格力空调进行了私自降价。董明珠得知此事后勃然大怒，她立即下令，对国美停止供货！2004年3月9日，国美北京部随之向全国销售分支发布了"把格力清场、清库存"的决定。一家是从1995年到2004年连续9年占据国内空调销售量第一的生产商，一家是在2004年已有130多个连锁商城的全国最大的家电零售商，双方都很强势，互不相让，彼此矛盾骤然升级，关系瞬间分崩离析。

熟悉黄光裕的人，都知道他精明、大胆、顽强，每天工作16个小时以上，"路子野、下手黑"是他一贯的作风。对于董明珠跟他之间的对抗，让人不由得为董明珠捏了一把汗。

但董明珠并不担心跟黄光裕之间关系的破裂。她很清楚格力的优势，也明白国美虽然实力雄厚，但在格力的销售额中，它只占了1%的份额而已。即使没跟国美合作，格力的销售额也能保持40%的增长率。

谈及与多年合作的大销售商国美的"分手"，董明珠说："国美跟格力的矛盾并不是个人之间的矛盾，而是观念的矛盾。现在要创造和谐社会，发生矛盾时，我认为应该多考虑行为本身是不是能从自身做起，帮助实现和谐社会。

格力始终把消费者利益摆在第一位，而不是今天卖一个低价，就认为我的价格最低，我是最好的。现在的商家和厂家都没有暴利，如果都亏损，企业就要倒闭，许多人将面临下岗，这不是大家所愿意看到的。企业要对自己的行为负责任，不能赚暴利，但不能不赚钱，这就是格力跟国美之间的不同观点。我希望合作的人都能成为赢家。同时，也给大家提醒，只要每个人都用诚信对待每一件事、每一个人，那么你就可能是赢家。"

在商场上，有种理论叫"零和游戏"，就是在一项游戏中，游戏者有输有赢，一方所赢正是另一方所输，游戏的总成绩永远为零。在现实社会里，"零和游戏"广泛存在，胜利者的光芒背后往往是失败者的心酸和苦涩。

从"零和游戏"走向双赢，要求双方必须有诚信合作的精神和勇气，在合作中不要小聪明，不总想着占别人的便宜，把遵守游戏规则放在第一位。像国美自主降低格力空调的价格，就等于损失了格力的利益，破坏了双赢的局面，最终吃亏的也只能是自己。

董明珠坚持不随便降价还有她更充分的理由。她说："很多企业没有意识到这个问题，仅仅只是在交易过程中把产品推出去。为了推出去，不断地在价格上进行较量，最后就变成了偷工减料，进入一个恶性循环的经营环境中去。"

之后，董明珠加快了自建渠道进行销售的步伐，而外号"空调降价屠夫"的国美黄光裕则泼冷水说："松下当年在日本建立了很多自由的营销途径，但到现在看来，都已经几乎不存在了。"双方一时形同水火。

格力电器为了反制国美、苏宁等大渠道的霸权，一方面自建专营店渠道，另一方面对于不遵守格力游戏规则的国美、苏宁等大渠道采取了不合作甚至退场的方式进行反控。2004年"格力与国美分手"事件上演的同时,格力在一些区域市场上也因为苏宁的单边价格战而宣布撤场苏宁。

退出国美后,许多人认为董明珠"不自量力"。但格力的好品牌摆在那里,"货好不怕卖",总会有更大的客户前来寻求合作。退出国美之后的格力销售额不仅没能下滑,反而更加如鱼得水。董明珠说,"跟国美合作才会死得快。"就在国美清场格力没多久,格力就迎来了一个客户——大中。大中与格力签下一条包销1.8亿元的年度协议,预计总销量在8万台左右,而上一年的情况是,格力在大中的销售额仅为1000多万元。

此举让黄光裕火冒三丈,不乏"枭雄"气概的黄光裕得知这一事件后,隔空冲格力喊话,直言道:"其实咱们谁也离不了谁。你若拿我黄光裕平衡我的对手,我就有办法去平衡你的对手。你对我有越大的信任,我就给你越大的信任。你能给我付出,我就带头扶持你的品牌。这就是做事的规矩。"但之后董明珠依然没有选择与国美合作,双方大有"老死不相往来"的架势。

当时有不少学者都认为,国美在中国垄断地位已经形成,离开国美这样的渠道,格力无异于自掘坟墓,太意气用事,会丧失掉很大的市场份额。

顶着离开国美"格力模式"能不能成功实施下去的质疑,董明珠用她的强悍与傲人成绩向人们展示了她的正确领导策略。从1995年以来,连续11年使格力电器的年销量、年销售收入和市场占有率均居全国同行业之首,在2009年纳税就超过了26亿元。业内惊讶地称她为"传奇的市场营销高手"。

后来,黄光裕果真发挥其江湖大佬的气魄,并购了大中电器,成为与苏宁并驾齐驱的两家独占鳌头的家电连锁企业。这场刀光剑影的商业谍战片,引来媒体纷纷报道。而董明珠也是浅浅一笑,说:"其实我跟黄光裕自争端爆发后,彼此都没见过面。"看来网上的硝烟也撑得起商海半边天啊!董明珠跟黄光裕虽不曾谋过面,但在彼此博弈的过程中,一定是早已熟识并暗自相互欣赏了吧。

商界没有永远的敌人,也没有永远的朋友,只有永远的利益。2013年年底的一天,董明珠走进了位于北京市朝阳区鹏润大厦B座18层的会议室。过去近20年,董明珠与国美的恩怨就在这一个特殊的日子里完成了雄壮的"破冰之旅",格力和国美重新达成战略合作伙伴关系。

谈到董明珠,一向以沉默和冷血著称的国美老总黄光裕,面对这个执拗而铁腕的女人时,他冷漠的眼神里会在不经意间流露出肯定和钦佩,也表示出"最崇高的无奈"。

当强势男人遇到一个更为强悍的女人,男人之间惯用的生意经就不再通用。游走在生意场多年的黄光裕亦然如此。当黄光裕再次遇到董明珠,游戏就有了新的规则。而这新规则的制定者则是董明珠。

2015年3月27日至29日,格力携手国美,在国美全国1600多家门店及国美在线上投放50万套格力优惠空调,北京是主战场,北京国美全城40多家门店的格力空调整体降幅达20%,实现了10年最低,这是双方经过1年多的对市场精确分析的结果,为双方创纪录提供了保障。同时,在此次空调大促中,国美自有和第三方组成的专业配送安装队伍将严格按照国美"一日三达、精准配送、送装同步"的业内最高服务标准提供售后服务,而世界纪录协会工作人员也在现场进行了见证,并颁发了证书。

这次国美与格力的合作,也开创了全新的零供合作模式,空调行业的市场格局亦有所改变。格力与国美之间的深度合作占据了国内空调市场的四成份额，此后国美会掌握空调最大渠道的市场主控权，而格力国内空调第一品牌的市场地位也将更加牢固。

2015年7月30日至8月3日，格力再次携手国美发起了"100小时格力闪购"的联合营销模式。在这个时间范围内，格力空调在国美进行全面让利，也达到了行业最低，降价力度之大，前所未有。

谈及合作，董明珠说："我从来不担心我们的销量，因为我知道消费者想要什么，我做出他们喜欢的产品，他们自然就会选择我。所以我一直强调企业一定要想在消费者前面，国美在这一点儿上跟格力很像。他们的大数据分析能力非常强，基于云计算平台的实时共享，能够把消费者最新的产品需求、物流及安装需求等方面的数据提供给我们，让我们根据最新的市场需求制定生产、销售、服务计划，这也是格力空调在国美销售量有保障的原因之一。在空调（制造）领域里格力是第一，在家电销售领域里国美是第一，最好的空调品牌就应该与最好的渠道相结合，才能够达到1+1＞2的效果，这就是我们选择与国美合作的原因。"

多年竞争对手苏宁云商股份有限公司此时也坐不住了，它联合美的等业内其他公司也搞了一次大规模"地毯式轰炸"的降价活动，投入了百万台空调，大型促销战役轰轰烈烈地打响了。

2016年初，苏宁云商董事长张近东到珠海格力电器总部拜访了董明珠，而董明珠随后也到南京回访了张近东。同年3月3日的两会期间，苏宁副总裁孙为民接受采访，坦诚披露了相关细节，道："因为好久没联系，我估计原来的电话号码也不对，后来找了一个电话号码发过去。一开始也不好打电话，就发了个信息。没回。我跟张总说，消息源应该是比较准的。隔了一天，她给回复了，'张总过来看看我啊'，她毕竟岁数比我们大一些，所以我们就过去了。"并称，"我们是打多少年交道的朋友了。企业发展过程中，有自己的发展模式、发展选择，我觉得企业没有规划、没有个性，这个企业是不可能走远的。合作才是主旋律。格力是知名品牌，我们没有理由不卖。"

此后，董明珠对外表示，说："我1992年就认识张近东了，算起来有20多年了。其实究竟苏宁与格力谁找谁的问题，没必要纠结，我与张近东性格都有些倔，但我们都是做事的人。"

当初，格力与苏宁的分裂，主要原因就在于格力向来抱着"经销商只有忠诚度高低之分，没有实力大小之分"的态度，在进货价格、返点结算、广告费用支持、销售业绩奖励等经销商非常在意的问题上刻意保持着"一视同仁"。而苏宁纵使比其他经销商的成绩好，也得不到任何额外的回报。苏宁最希望"多劳能够多得"，但是卖格力的电器却找不到这样的感觉。

曾经格力对苏宁的"苛捐杂税"也极不认可，如今十年后破冰，董明珠觉得这也不是什么惊天动地的大事情，她跟张近东都是火爆脾气，在解决好以往的价格问题和利益分配问题后，再次牵手合作是非常自然的事情。

在外界认为董明珠向苏宁、国美低头的时刻，董明珠却不以为然。她对格力空调始终保持足够的自信，当然不会因为双方再度合作而低头，她说："苏宁店里如果不卖格力空调，那就不叫卖空调。没有任何一家公司可以包下整个市场，为什么我们不包容一点。除了空调，我们还会让晶弘冰箱和大松电器进入苏宁渠道。"

古语有云："天下熙熙，皆为利来；天下攘攘，皆为利往。"对于家电商家来说，优秀的品牌越来越有限，对于最具有拉动消费的产品，不与之为敌，才能让自身具备竞争主导力；不断吸取经验，保持热情，才能推动自身的发展战略。如果苏宁不与格力合作，就等于把格力推到竞争对手的怀抱，只能损伤自己。而对于格力来说，家电分销的全渠道已经来临，与苏宁合作，等于给自己多了一个销售渠道。在过去几年双方的较量中，苏宁总是与格力的竞争对手合作，谁也没赚到好处，所以，结束这场战争，对双方都有好处。

俗话说，"十年河东，十年河西"，生产厂家和销售渠道之间彼此扶持，互惠互利，不失为一个良好策略。双方不再墨守成规，放下身段也是一种智慧和健康心态的表现。只有认清市场环境，顺势而为，利益共享，才能持续深度合作。

江湖总是血雨腥风，能一笑泯恩仇的，往往就说明了一个人的气魄如何。董明珠为了格力的成长和渠道布局，真的是蛮拼的。

小米手机甘拜下风

如果有了技术支撑,在功能性上能给予支持,能用三年为什么不好呢?你不是把消费者当傻瓜吗?

——董明珠

2013年12月12日晚,中国经济年度人物评选获奖名单揭晓,格力电器董事长兼总裁董明珠获奖。一同获奖的还有小米公司董事长兼首席执行官雷军。在主持人陈伟鸿的"挑拨"下,"柔中强"雷军与"铁娘子"董明珠,当着全国人民面儿,打下了一场赌约:赌小米未来5年之内销售额能不能超过格力电器。

雷军先下战书,说,如果小米手机营销额击败格力的话,董明珠就输他1块钱。董明珠则见招拆招,毫不客气地说,小米手机想超过格力,根本不可能,要赌不是1块钱,要赌就赌10个亿。

董明珠认为自己肯定会赢,并且她认为雷军根本没资格和她赌。她说,格力是空调行业内老大,而小米是手机市场老大吗?只有老大跟老大之间的较量才是对等的,你不是老大,你有什么资格跟我谈输赢?

当主持人问董明珠,王健林跟马云谁会站在她一边时,董明珠再次很霸气地回答,她认为中国轮流做首富的两位都会站在自己这一边。为什么?他们都是吃过苦的人,都有亲身经历,一个企业要做好,必须要脚踏实地。

董明珠言外之意是不是暗讽雷军呢?众所周知,雷军是技术出身,但他却把销售看得更重要。而与之相反,董明珠是销售员出身,但她对技术的追求却是上不封顶。后来事实也证明,马云跟王健林果然都是支持董明珠的。

格力产品在天猫商家,实现了线上与线下的统一;银隆事件,王健林更是体现革命友谊，没有调查研究，就拿出5亿元果断支持董明珠。记者采访王健林时，他笑眯眯的样子让人感觉真是和蔼可亲啊，他说："董总说投，我就跟着投就行了，相信她的眼光不会错，我觉得董明珠调研就行了，我不用调研。"

其实，董明珠跟雷军争夺的并不是个人胜负，而是整个中国乃至世界经济模式未来的走向判断，以及路线之争。二者代表的正是全球产业经济的两极。格力电器是典型的实业巨头：研究核心科技，自己制造产品，以性能和质量赢取用户。而小米则是互联网基因颠覆消费电子的"轻公司"代表：零工厂、零员工、零门店，只做产品研发和用户服务，整合上下游，创造高增长。格力与小米的赌注，本质上就是一次传统产业与互联网经济的"世纪冲撞"。

董明珠曾说："如果实体经济不行，那一定是因为你自己无能。互联网对我们来说，只有提高效率的作用。"从某种意义上来讲透露着一个现实问题：人人都知道电子商务的时代已经来临，它会不会替代传统制造业？而在董明珠看来，是我们许多人把互联网看得太神圣了，它根本没那么至关重要。"互联网能造空调吗？互联网永远都只是工具，不能替代实体经济。"她说。

对赌之后没多久，强悍的董明珠就做起了格力手机。据说格力一代和二代的销售额并不十分理想，与董明珠喊的"五千万台"有很大出入，但对格力手机，董明珠仍是不遗余力地做宣传。她除了亲自给格力手机做代言人之外，格力手机的开机屏幕画面也是她的个人头像，并且，无论在任何场合她都不遗余力地宣传自家生产的手机。

2016年7月的中国企业间领袖年会上，董明珠称，"格力电器今天再次宣布要做好手机，因为我认为我要做，就要做最好的"。接着，她一个举动震撼了全场。她在台上直接摔下格力手机，并问观众："你敢摔吗？"

面对市场上许多手机买了只能用一年的状况，董明珠说，"如果有了技术支撑，在功能性上能给予支持，能用3年为什么不好呢？你不是把消费者当傻瓜吗？"她再一次强调，格力手机能用3年。

"我不强迫你买格力手机，但是有一天你买了格力手机，你就不会放手"，这是董明珠做手机的理念，良心做手机，这是她的期望。

有人提出异议，认为在如今产品日新月异、更新换代快的时期，一款手机用上3年，是一种非常古董的行为；认为很多人并不是十分想买可以用3年的手机，而是想要更好、更新的款式。这种说法也不是完全没有道理，但它也有一定的偏激。对大部分消费者来说，能有一款比较实惠而功能齐全的手机，肯定会爱不释手，用惯了的东西，并不舍得很快就扔掉。如果每年换一部新手机也是不太可能的事。

有人评价董明珠与雷军时，用了很形象的说法，"董明珠的腿，雷军的忽悠"。众所周知，董明珠从一个默默无闻的销售员走到今天格力电器总裁的位置，靠的就是她一步一个踏实的脚印。她是个有能力的人，实干的人，也是个身正不怕影子斜的人。所以别人说她"董姐走过的路，寸草不生"。

董明珠有句名言，"只要有公平竞争的环境，企业自己就可以做好！"这句话连李克强总理听完后都说"很有启发"，并多次强调，中国实体业要想强大起来，靠得就是这种"工匠精神"。

而雷军的小米手机横空出世，靠的是什么？是雷军的营销策略。

在CCTV跟董明珠杠上后，雷军不费吹灰之力就让人们记住了小米手机。

一场赌注让他借力搏名，几乎誉满全球，的确很赚。

2014年4月，雷军自信满满地口出豪言："香港（特别行政区）、台湾（地区）跟新加坡，2014年出货量预计都会超过100万！"新加坡人口500万，除去老年人和婴幼儿，销售100万台的话，就等于30%左右的新加坡人在用小米，这可能吗？

美国人将华尔街投机客称为"Winner"，他们认为这样的投机高手具有如下特征："嗅觉灵敏、视觉敏锐、出手果断、野心极大，善于发现并利用一切漏洞，出手就是大手笔。"雷军的敢说，善于造势，很是符合这种"赢客"的称谓。

小米联合创始人王川，毫不客气地揭发雷军："雷军靠的是啥？和马云一样，电商不纳税！天马行空，自由快活，大把捞钱的时期，适合于这样的投机客。"

2016年小米经历了销量的滑铁卢，根据IDC数据显示，小米较去年Q1、Q2、Q3三个季度的销量分别同比暴跌32%、38.4%和42.3%。2015年小米手机的总销量约7100万部，2016年销量则降低3成，总量不超过5000万部。而早在2015年，小米就开始进入转折的困境，从2014年的227%的高增长爆降到15%，而且还出现了营收下滑的情况，下降幅度超过14%。真可是"增量不增收，到量也下滑"。

2016年一季度显示，小米手机销售排名已经跌入第四。这场10亿元对赌，结果已经一目了然。

2016年董明珠在银隆事件不久后，给格力员工每人每月加薪1000元，没多久又任性宣布下一年还加。与此同时，雷军又晒出自己奖励5年员工的黄金米兔，一共70个，通体金色，闪瞎人眼。看来，二人之间的较量还没有真正停止。

俗话说，"能让自己进步的不是朋友，而是敌人"。但愿如今双双陷入困境暗淡的两人，能在竞争中坚韧不拔地发挥优势，余生漫长，让梦想开花，给中国企业一个更加广阔久远的明天。

有一种投资叫"王健林相信董明珠"

能压垮我的只有内心,我已经不轻易落泪,但收到雪花般的短信,我落泪了。

——董明珠

一直以来，董明珠给人的印象都是一个特立独行、我行我素、宿敌甚多、几乎没有朋友的形象，她为人正直、坚韧、讲原则，又尤其爱斗，有点霸道，几乎与众人为敌，是商界敢于张扬个性的企业家。但珠海银隆事件让世人瞩目，所有人都感到惊讶，原来她身边还站着一位铮铮铁骨格外讲义气的朋友。其实，早在这之前，董明珠与王健林之间就一直保持良好的合作伙伴关系，两人可谓是惺惺相惜的同龄人——董明珠比王健林大几个月，只是我们有所不知而已。

格力空调曾经请国际巨星成龙做过广告代言人，但后来，董明珠决定不再请成龙。她给出了两个理由："第一，我们看了很多外面的投诉，说请了什么明星代言产品，是虚假广告。我为什么不自己直接面对消费者，由我本人给消费者承诺呢？这是我的一个初衷；第二，确实考虑过花销问题。请一个明星一年一两千万，我自己做，最起码省2000万，2000万让利给消费者更好，或者投入研发更好。"

董明珠不仅自己亲自给格力品牌代言，她还拉上了王健林。谈到当初的合拍广告，董明珠说她就是给王健林打了一个电话，而王健林说他愿意跟她一起拍一个这样的广告，理由是他比较相信董明珠和格力，也相信格力的产品质量。董明珠问他要不要广告费，王健林直接摇头，不要！

而这个免费拍的广告，是首富王健林拍的第一个广告。时隔不久，2014年

12月23日，酝酿上市已久的万达商业地产在港交所举行挂牌仪式，董明珠则着一袭深色风衣现身站台以表支持。而根据万达商业地产公布的招股书，格力电器在香港的全资子公司香港格力电器销售公司认购2亿美元也成为基石投资者之一。

如果说，爱情是一种长久的迷恋和欣赏，值得每个人乐此不疲地玩味的话，那么，身在尔虞我诈的烟火纷飞的商界之中，能找到一个志同道合、惺惺相惜、互相信任的伙伴，则更显得难能可贵。董明珠跟王健林就是这种伙伴。

2016年8月，王健林做客鲁豫新节目时语出惊人："想做世界首富，这个奋斗的方向是对的。但是最好先定一个能达到的小目标；比如我先挣它1个亿。你看看能用几年挣到1个亿？你是规划5年还是3年？到了以后，下一个目标，我再奔10亿、100亿。"

这番谈话惊大了不少人的嘴巴，许多人没想到，王健林的一个小目标，竟然就是他们一辈子最大的目标。王健林很坦诚地说，当初他创业时，给自己定下的第一个目标就是先赚1个亿。许多同事都极度怀疑，因为当时公司连100万都没有，这不是天方夜谭吗？但他敢想。王健林当时说："这是个目标。定了目标咱们去奋斗，做到了更好。做不到你看挣了8000万咱也挺乐呵，挣了5000万也挺好。但是目标要放大。"可见，"心有多大，舞台就有多大""格局决定命运，态度决定一切"，这些话用在王健林身上简直就是真理一般的存在。相比较而言，董明珠同样如此。

董明珠的梦想一直是家国情怀，她要让格力冲出国门，走向世界。这也是一个非常大的目标，并且，在她上任格力集团董事长期间曾说，一定要让格力年销量冲破1400亿元，并且每年至少要有200亿元的增速。这等"野心勃勃"，与王健林相比，可谓一斑。

2015年2月，就在外界普遍看好董明珠与万达王健林的私交甚好时，董明珠却说："我对他们（王健林、雷军等人）都没有深入地了解，我不擅长'私交'，因为我不太琢磨人跟人之间的关系，没有时间去想。我比较简单，头脑简单。我跟任何人都没有私交，我不知道什么是朋友。两人受利益驱动形成的交情，我不认为这是朋友；我认为两人互相认同理念、认同行为才是朋友。君子之交淡如水，朋友不在于卿卿我我，不在于相互利用。按照现在世俗的观点讲，我就一个朋友都没有。"

而现在，曾经质疑朋友关系的董明珠，一定在内心里把王健林当成了朋友，而且是患难之交见真情的朋友了。对她来说，交朋友跟利益无关，是对世俗的挑战。对王健林来说，又何尝不是呢？5亿对他来说或许真的不多，但在董明珠最需要支持的时刻出手，怎能不说是一种仗义相助呢？

朋友是可以不用时间计算的，相识的时日长久与交往的深浅程度不成正比。人们会在某个刹那忽然离开对方，也会在某个时刻忽然了解对方并相互扶持、肝胆相照。说起来，他们二人还有一些相似的经历呢。

董明珠进入格力后的第一件事便是追债，欠债的经销商不理这个茬，不是躲着不见她，就是戏弄她，更甚时对她直接下逐客令。这种滋味她体验了40多天，她却并不放弃追债，直到追完对方欠下格力的40多万，她才功成身退。这件事也使她受到启发，日后她定下了"先款后货"的规矩，开了营销市场的先河，为厂家赢来了地位与尊重。

而王健林创业之初也经历了类似情景。那时候，他接了一个项目，需要两千多万的贷款，他找了十几家银行，但没人愿意贷款给他。后来无奈，他找到了政府，政府为他指定了一家国有银行。可是，银行虽然答应了，但是行长却一直故意躲着他，并且以各种理由一推再推。为了找到行长，王健林前前后后共找了他50多次，白天堵，晚上堵，到最后也没能把那个行长"攻"下来。最后，王健林不得不通过发"债券"的方法把问题解决掉。

王健林身上的这一种执拗、坚韧的精神跟董明珠是多么的相像！他们的成长经历见证了他们是同一类人，所以在相识后的岁月中，他们彼此欣赏、关照，也就显得如此顺其自然。

格力电器参股"珠海银隆"，如果按照董明珠的想法进行顺利的话，也许董明珠就不会一个电话直接打给王健林了，但事实却是，股东为了自己的利益不愿意参与，他们集体否决，这让董明珠很失望，格力就像她自己一手带大的孩子，没有人晓得她对格力的感情有多深。有统计说格力电器以发行价计算，从上市至今给股民带来的"股价上涨"的回报超过1000倍，至于现金分红也是非常丰厚，这样的业绩着实令人敬佩。"这次收购失败不仅是格力的损失，更是国家的损失。没有收购成功我更好，收购成功我要多干，失败我就少干。但我还是支持这种技术，拿出我所有的钱来支持它。收购失败，董事长之位又被罢免，今天下面有人问董总你怎么受得了，我觉得这些东西都压不垮我们，压垮我们的是我们的内心。我们有坚定的信念，我们的生存、我们活着的价值已经不是为了挣钱，而是因为我们的存在，因为我们能让世界改变。"后来，她果真以个人身份联手王健林、刘强东等，最终5家企业或个人，出资30亿获得珠海银隆22.388%的股权。

王健林看似漫不经心，但其实万达是靠商业地产起家的，做到了商业地产的老大，销售金额曾连续两年进入全国房企的前三名。在一线房企里，王健林是最早宣布转型的，也是转型力度最大的。他不可能对董明珠的心思毫无了解，董明珠寥寥几句话，也许就能起到深入骨髓的作用。他心明如水，也英雄相惜，正是这份相知、相信，才让他仗义出手。

董明珠立志于让格力走向世界，堪称"中国制造"的代言人。如今格力已经是世界500强大企业，而王健林也没向世界示弱过。美国总统特朗普上台之后，可能会限制中国企业对美国企业的收购，并要求在华美国企业把生产线迁回美国。王健林就对他公开喊话："我在美国投资了100亿美元，雇佣了2万多人。如果这部分投资出现什么问题，那么这2万人可能失业。"

王健林把转型的主攻方向选在了文化产业上，并致力于把中国文化推向全世界。介入文化产业之后，万达一直在好莱坞"买买买"，先后收购了AMC电影院线、传奇影业，还计划对多家文化影视企业实施收购。他对特朗普的隔空喊话，就是在"中美即将展开新一轮博弈"的背景下发生的，带有明显的国家立场。

作为格力一直以来的"亲密合作伙伴"，王健林面对记者采访时表示，"不要以为这个投资只是赞助，企业家的作用是捕捉先机，大家都能看到的机会还有什么机遇，企业家和商人不同，有一点情怀才能称之为企业家。"

在遭遇困顿后，董明珠讲了一句话也让人感受颇深，她说，"如果没有好的心态一切都是压力。锦上添花的人很多，但雪中送炭的人很少。能压垮我的只有内心，我已经不轻易落泪，但收到雪花般的短信，我落泪了。"

王健林一语道破"天机"，原来他跟董明珠一样，是一个有情怀的企业家，而不仅仅只是一个商人而已。而董明珠收到的那雪花般的短信里，或许也有一条来自王健林。也许我们应该说，他们要做的不仅是产品，还有深厚友谊的寄托和对家国热爱的情怀。

牵手京东刘强东

在京东买东西很放心,不用担心质量问题,但有些平台为了盈利,弄虚作假,卖劣质的商品,他是唯一一个不跟我谈价的经销商,但我不会因为不和我谈价就欺负他。

——董明珠

对于一个有强烈梦想，不甘心平凡度日的人来说，只有将内在的情怀与外在融会贯通，才有可能在专注于自己的事业之时，迎来四面八方的合作伙伴，并且一荣俱荣。

董明珠与京东的刘强东便是拥有超友好个人友谊的一对合作伙伴。早在2016年5月的京东"618"筹备会上，刘强东与董明珠、华为终端董事长余承东展开对话时，刘强东就说："我与董明珠彼此非常欣赏。"

而对于双方的合作，董明珠也称："刘强东是所有合作的人之中最容易打交道的，他从来不跟我谈价。他是我所有打过交道的企业家中，最容易的一个。我们很少见面，但见面就有说不完的话。他不是跟你博弈，而是做市场服务。他的成功和他的决策、素质有关系。我们从来没讨论过，你挣多少钱，我挣多少钱，而是讨论把市场做好。"

并且，董明珠语带双关，又称，"在京东买东西很放心，不用担心质量问题，但有些平台为了盈利，弄虚作假，卖劣质的商品，他是唯一一个不跟我谈价的经销商，但我不会因为不和我谈价就欺负他。"

现在，"互联网思维"似乎成了一个点石成金的咒语。部分互联网业者从傲娇到傲慢，也引起了大量传统人士的反感。而董明珠对此不屑一顾，公开批评如今90后只沉迷于在家卖东西，这是社会退步的表现。她始终认为互联网只是工具，需要深度融入，实体才能成功。

格力转型互联网相比较速度是慢的，但董明珠并不急于求成。对于她的观点，刘强东表示支持。他说："我想，最后的推动力一定还是来自于生产效率提升的变革，包括零售模式从过去的小商品市场到超市到连锁店到今天的电商，所有背后的推动力都是来自于供应链成本的下降和供应链效率的提升。"刘强东敢说这样的话，需要的是一种勇气，以及对卓越远见的自信。

对传统制造业，刘强东也有话说："如果有风口，不一定出现在互联网领域，很可能出现在传统领域，因为问题最多的行业也将是机会最多的行业。"

在"2016中国品牌论坛"上，刘强东透露，"京东的无人机项目已经获得四个省的飞行许可，在今年的"双十一"大促期间将使用无人机为农村送货。用无人机送货，可以把农村的物流成本降到和北京、上海一样，这样才能降低价格，让偏远地区的消费者享受到与大城市消费者一样物美价廉的服务和商品。"

对于这种创新模式，董明珠表示非常认可，她觉得这并不是对传统制造业的冲击，而是推动了整个时代的进步。品质、品牌、品商，三者有效合一，才能推动中国经济的转型和升级，为中国品牌保驾护航。

早在2015年12月，习近平主席访美期间，董明珠的"中国红"广告就全面承包41家媒体，甚至包括《人民日报》《南方都市报》也宣传"爱上中国制造"。

从《人民日报》到三四线城市小报，从头版到内版，从整版到半版，铺天盖地全部都是董阿姨。这则广告语为"没有互联网，你会明珠暗淡""没有先进制造业，你是空中楼阁""那我们携手，让世界爱上中国造。国家科学技术进步奖，节能1赫兹，舒适1辈子"，广告里手拉手，以心型高调"晒恩爱"的卡通人物形象就是董明珠和刘强东。

不少网友看完后乐滋滋地戏称："与董阿姨最有夫妻相的，是京东的刘强东。"这次合作，双方既赚足了人气，也省了代言费，更让彼此的品牌效应如日中天。双方友情更进一步，自不在话下。

每年年初，各家企业都会公布第二年的计划，给自己的员工打气，同时也振奋一下市场，让大家看看自家企业的信心和战斗力。2016年1月初，刘强东在京东集团年会上演讲时说："2016年，如果没有大的天灾人祸，我相信2016年整个京东集团的净收入将进入世界500强。"在2016年发布的《2016年世界500强排行榜》中，京东首次上榜并排名第366位。董明珠选择刘强东，自然也是眼光独到，信得过他。

2016年5月，京东宣布年度大促活动——"6·18品质狂欢节"，他便请来了董明珠等企业家为京东"站台"造势。

启动会上，就消费升级与品质电商、传统行业与互联网的融合与共赢、以及中国制造与工匠精神等各方面展开了巅峰对话。

刘强东现场对国美和苏宁下了"战书"，他说："5年后服装品类要成为京东的第一大品类，弱化3C的品牌定位；大家电业务今年的销售额要超过国美和苏宁，3年内要超过国美和苏宁的总和。"

这种信心满满，让一旁的董明珠笑容灿烂。她强调说，这是自己第一次参加渠道活动，之所以笑得如此灿烂，就是因为有了刘强东。为了表示对京东的支持，她决定把格力的电饭煲新品放在京东上大促。

而对于京东来说，2015年，阿里已经出资283亿元人民币入股苏宁，而他要实现3年内赶超苏宁与国美的总和,与格力牵手,自然是互惠互利的强强组合。

2016年9月19日上午,刘强东忙里偷闲,亲自参观了格力智能装备基地、格力电器总部以及银隆新能源汽车公司。老友董明珠则亲自陪同他参观了格力科技展厅,对格力的发展历程、产业布局、创新科技产品、格力空调旗舰产品——"全能王"系列进行了全面深入的介绍,得知"全能王"搭载的自主研发双级变频压缩机比普通压缩机节能30%时,刘强东赞赏有加;亲自体验了晶弘冰箱的"独门绝技"——零下5℃的水不结冰后,刘强东更是惊讶万分。

在回程的路上,刘强东忍不住晒朋友圈:"第一次参观格力集团!董小姐的强大信念、刚毅、智慧以及对品质和核心技术的追求精神,令人赞叹!中国多一些这样的企业想不崛起都难!"

2016年12月5日举行的"2016(第十五届)中国企业领袖年会"上,刘强东发表的演讲中再次提到格力。他说:"中国再不把保护知识产权放到首位的话,那么经济永远不可能好起来的,中国的品牌商和零售商都要注重对知识产品的保护,都要重视品牌和品质,才能让中国制造走向世界。京东正是因为坚持这个理念,所以采用自营模式,自己去建物流,对假货零容忍,始终坚持正品行货,所以保证了用户体验,从阿里巴巴的围堵竞争中杀出一条血路,成为自营电商的老大;格力也是如此,正是因为始终秉承'代言中国造''精工制造',坚持精益求精的产品质量,坚持对创新技术的不断投入,才让其家用空调产销量连续20年位居中国空调行业第一,连续10年领跑全球。在追求品质、珍视品牌方面有共同的追求,所以我们走到了一起。在现在这样的消费升级大趋势下,消费者更加注重品质、追求品牌、关注体验,也让格力与京东的联姻更加具有重要意义。"

2015年的"双十二",格力与京东的合作更是进入实质化阶段,在京东商城的格力旗舰店货架上,格力、TOSOT、晶弘三大品牌的多系列产品,包括品圆变频挂机、Q铂变频柜机、i酷变频柜机、TOSOT电饭煲、电暖器、电风扇、晶弘多系列冰箱等产品已经推出,并对消费者大幅让利。

从2015年开始格力一直在推广"让世界爱上中国造"这个理念,每天晚上的新闻联播后,全国人民都可以看到董明珠用两次10秒钟的广告告诉观众:世界500强只是格力的新起点,她将凭借核心科技和原创设计,"让世界爱上中国造"。而刘强东也同样拥有这样的梦想。

回顾2014年1月的京东年会,刘强东曾经深情地说:"我心里面最后一个梦,这个梦实现了,我也该退休回家抱孙子去了,这个梦想就是国际化。"而对于为什么要做国际化,他也给出了解释,"我们希望能够把中国强大的制造业生产的优质产品,通过京东卖到世界各地。中国品牌、中国制造,具有国际品牌的质量但却拥有更低的价格。"

不谋而合,强强联手,让世界爱上中国造,这也必将是中国制造业加速转型的好理念、好方向,朝着这个目标迈进,国人不会不支持。

第六章
坚守原则,就掌握了主动权

本章阅读

★ 把主动掌握权要过来

★ 好的产品就是永远不降价

★ 政府应支持本土品牌

★ 与马云的怼撕

把主动掌握权要过来

希望格力电器聚集更多优秀人才,不断提高研发技术,为推动"中国制造",向"中国创造"转变做出更大的贡献。技术永无止境。掌握这种技术是不可以停步的。应该时刻有一种危机感。这种危机感不是来自于别人,而是来自于自己。只有不断地挑战自己、超越自己、推掉过去的自己,才能有更大的进步。

——董明珠

《财经国家周刊》杂志记者曾采访董明珠，问："在空调产业的调整与振兴过程中，格力电器把自己摆在什么样的位置上？"

董明珠回答："产业的调整振兴，关键是要让龙头企业掌控主动权。现在的格力电器完全可以自豪地讲，我们已在全球空调产业领域拥有比较强的发展主动权。"

她说得没错，格力现在的技术，在全球来说都是十分领先的，许多发明和专利，已经超越了国际先进水平。在这种情况下，格力打破了外国企业在中国的垄断，高调拒绝了外国企业飞扬跋扈的高价格，打了一场漂亮仗。比如大型机组，格力打破了外国企业在中国市场的垄断；比如变频空调，格力在国内第一个掌握了转速从5赫兹到120赫兹的第三代变频技术，性能远远优于第一代的"假变频"空调或国外企业卖给中国的第二代变频技术，达到世界领先水平，并因此入选了2008—2009年的国家火炬计划。

同时，格力也自豪无比地把自己的企业推销到世界各地。或者说，即使选择与国外企业合作，格力也牢牢占据着主导权，比如同日本的大金合作，格力的控股达到51%，享受几乎对等的待遇。

这在以前，对任何一家企业来说，都是想都不敢想的，但董明珠做到了。拥有主动权的标准是什么？就是要控制核心技术。而董明珠之所以走上自主权这条路，起源于一次意外事件。

一次，董明珠去日本寻求合资，希望将别人的技术，转化为自己的产品。她希望以最简单的购买方式，直接从日本企业手中购买核心技术。这样，回到国内，格力就可以在竞争中完全掌握主动权。但是，日本人拒绝了她。他们说："我们的这种技术，是不会卖给任何人的，因为它是世界上最先进的技术。"

日本人的话深深地刺激了董明珠，让她真正意识到，跟外企合资无非是别人把即将淘汰的技术高价卖给了你而已。然后他们会用自己更新的产品、技术和你竞争。而且他们在淘汰的技术里，能获取额外的利益。真正的核心科技是不能指望合资引进的，只能自己研发。如果没有技术，你就没有议价能力。一个值1000万元的产品，因为你不能生产，只有他能生产，所以他可以开价2000万元，你也没办法。没有掌握核心技术的合资，就像是一个姑娘，长得很漂亮，但你娶回家，却发现她经常生病、出这样或者那样的问题。

董明珠意识到，只有走自主研发的道路，研制出属于自己的产品专利跟技术，才能不在市场上做被动的一方，才能让自己立于不败之地。

回国后，她开始投入大量资金鼓励研发，格力每年花在科技研发上的经费已经超过20亿元。董明珠虽然是销售人员出身，但她深谙"再优秀的销售技巧也不如产品本身质量过硬"这个道理。在她的鼓舞下，格力电器为此整整坚持了15年，并最终取得了可喜可贺的成绩。目前，格力电器已拥有专利3000多项，自己发明的专利就有300多项，开发产品品种规格超过7000款，在同行业中遥遥领先。格力电器的业绩也因此十分惊人，连续15年保持中国空调行业产销量、销售额、市场占有率三个第一，连续5年保持了全世界空调产销量、销售额、市场占有量三个第一。

通过自主创新,独立摸索,董明珠带领格力电器打破了日本、美国的技术垄断,摸索出一条独特的"格力模式"。2008年金融危机之际,格力毅然放弃贴牌,走上专业化道路,走上了一条自主品牌的道路。而这一年,格力电器的出口减少了35亿元,但利润却提高了50%。2009年,格力空调的国内占有率超过48%,出口量占到全国出口量的48%。

产品质量和技术的竞争,既牢牢地将主动权掌握在自己的手中,又让消费者在使用的过程中真正感受到了中国格力品牌的价值所在。董明珠说:"希望格力电器聚集更多优秀人才,不断提高研发技术,为推动'中国制造',向'中国创造'转变做出更大的贡献。技术永无止境。掌握这种技术是不可以停步的。应该时刻有一种危机感。这种危机感不是来自于别人,而是来自于自己。只有不断地挑战自己、超越自己、推掉过去的自己,才能有更大的进步。"

董明珠的主动权不仅表现在技术研发上,还表现在为企业的发展争取一个比较公平、阳光的环境上。

在中国,有一个人人得知而墨守成规的现象,那就是"官商合作"。这样做的好处是"背靠大树好乘凉"。而且做企业更讲究人脉,社会就是一张网,网撒得大,企业也可以做大。这些道理几乎成为许多生意人的座右铭,但在董明珠这里却走不通。

2008年11月4日,格力电器在广州番禺中心医院"门诊楼变频多联空调设备及其安装"采购项目中,被评委会推荐为"第一候选成交供应商"。采购方广州番禺中心医院是广州番禺区历史上最大的公建卫生项目,也是广州市重点建设工程项目。这个采购项目是一块巨大的"肥肉",预算额达到2220万元。

虽然格力是最有实力得到这块肥肉的企业,但却在半路杀出来一个叫作广东石油化工建设集团的公司,并且后者以比格力报价高出444万元的2151万元的价格出人意料地成为了中标者。经调查,这家公司只是一个"托儿"。它背后代理的两家公司分别是美的和大金空调。而大金是日本企业,与政府提出的优先购买国货原则相悖离。

而明明是医院采购,广州番禹区中心医院却在招标文件上,除了"具备医院的供货业绩"外,还特意增加了一条:具有地铁、机场、港口、铁路或大型市政工程的供货业绩。同时,在入围的六家企业里,除了格力,其他几家均不生产和销售空调,并且自动退出竞争。

毫无疑问,格力不过是陪着他们玩了一场,被利用了还被人找出拒绝的借口:格力投标书不符合技术参数。

在这之前,格力就曾接到过一个电话,对方在电话里对她讲:"开个价码,放弃投标。"这种赤裸裸的受人摆布,董明珠怎能善罢甘休?她立即代表格力向广州市财政局提起行政复议。

初次,广州市财政局认为"事实证据不足且有失公正",但仅仅只过了一个多月,广州市财政局二次宣判"格力投标文件不能满足招标文件要求",最终确定为一个废标。

就在格力尽心想办法为自己讨个说法的过程中,广州番禹中心医院却急不可耐地跟广东石油化工建设集团公司签署了合作供货合同,并开展施工,硬生生把生米煮成了熟饭。招标过程原来不过是走过场。这种糊弄大众的做法,怎能不令人气愤？

这场维权行动折腾了一年多，2009年11月23日，董明珠带领格力把广州市财政局和广州番禺区中心医院共同告上了法庭。请求法庭责令被告共同承担违法招标采购的民事责任，连带赔偿格力直接损失合计63862.31元，然而令人惋惜的是，格力最终以失败告终。

对于状告政府采购这样的行为，曾有人嗤之以鼻，认为董明珠实在天真，当时有个广州市财政局的局长张杰明说，"这种政府采购，告广州市财政局的案子还没有一单是赢的。"

对于格力，2009年给国家交税收超过了26亿元，一面给国家上交了如此多的税收，一面国家却不采用格力产品，很不在情理。董明珠难道不知道自己会败诉吗？她心里亮堂得很。但她为什么仍然要这么固执己见地去做？因为她要争取、维持一个公平的竞争环境。在她看来，纳税人交给国家的财政，并不是政府部门可以任意挥霍的，更不存在败诉不败诉的问题，因为公道自在人心。她希望借此事件，呼吁更多的企业家在面临不公现象时，能够在公共话题上发出建设性的声音，推动社会观念的不断进步。

董明珠曾在一本书上写，她最钦佩的人是朱镕基总理。最敬佩朱熔基总理那种刚毅的精神，处理问题时的果断，而且他有那种忘我的精神，无欲则刚，为了社会、为了一个国家可以牺牲自己。董明珠也一样，为了格力，她可以豁出去，可以状告当头部门，可以另辟蹊径，只为格力谋得一份公正，以及更好的发展。她的追求，既起到了为一部分人带头呐喊的作用，又给另一部分人敲响了警钟：如果人人都不站出来说话，市场怎么净化？

可叹的是，如今，像她一样的人少之又少，人人都不愿做出头鸟。还有不少人讥笑她冥顽不灵，笑话她不识时务。

有记者曾经问董明珠："你不担心，万一政府以后给你穿小鞋怎么办？"董明珠说，"我相信不存在穿小鞋，因为我们的初衷是促进政府采购更加阳光。现在广东省新修改的《政府采购法》实施办法中，已经对竞标、赛标、废标等程序进行了调整修改。这就是一种进步。"

无论结局如何，董明珠依然还是选择相信政府，因为她知道，一个真正为国家做事的人，永远会有人支持。所谓邪不胜正，路途遥远，格力还要走很长很长的路。拿一颗博大的胸襟着眼于未来，董明珠的大气、坚毅震撼人心，也给人鼓舞。

好的产品就是永远不降价

我把该让的利润让给消费者是正常的。我一定要让消费者用一个定频的价格用变频的空调,让中国真正进入变频时代,这是我想做的事情。

——董明珠

从一文不值的女屌丝，到万人瞩目的格力女王，一路走来，董明珠用她的智慧和胆识向我们展示了一个独具一格的营销女王形象。在她的营销策略中，有一个明显区别于她人的地方，就是坚持好的产品永不降价。

时间回到1994年刚过完春节，江苏的天气阴雨连绵，这样的天气直接导致空调价格战。不少商家主动降价、薄利多销。与此同时跟风者众多，一时造成各大商家价格混战，空调市场严峻无比。在这种情况下，格力如果不降价，势必会让自己的产品处于滞销状态，在几乎全公司人要求降价的时刻，唯独董明珠坚决不同意。她有自己的看法：每个价位有每个价位的需求人群，轻易降价只会引起消费者的疑虑，他们可能会担心产品质量是不是出了什么问题。这样的话，产品就更不容易销售了。同时，她觉得格力在销售上必须达成两个统一：一是公司的发展目标与经销商的发展目标一致，二是厂、商之间的利益与消费者的利益一致。如果厂、商之间没有共同的发展目标，不是为了向社会提供更好的产品和服务，那么不可以走到一起；如果厂、商之间都只将自身利益视作最高利益，无视消费者利益，也无法结成营销同盟。只有把握全局，从长远利益出发，才能维护消费者利益，才能使格力立于不败之地。

在董明珠的坚持下，最终这批空调全部卖光了。无独有偶，董明珠升任经营部长后，发现库房里有一万九千台单冷分体机，因为款式太老，被列入淘汰产品行列，占用大量资金。她去找领导请示卖掉这些产品，领导很爽快地批准了，每台降价300元。但董明珠依然没有采取降价策略，她认为厂家之间的争相降价是市场的一种恶性循环，对公司的长远发展百害而无一利。

这种情况下，董明珠采取的是奖惩政策。每卖掉一台空调，奖励50元。而完不成任务的话，每人扣100元。

这种既给甜果又夹枪带棒的做法，着实让不少业务员劳神费心。但没有压力就没有动力，人的潜能是可以无限发挥和挖掘的。那一年，那批空调竟然全部卖光了，企业直接增创利润500万元。

1996年，梅雨季连绵不断40天，在天公不作美的情况下，空调降价大战一触即发。不少空调生产商决定放手一搏，大家都抱着同归于尽的想法。一台出厂价5800元的空调，大户批发价不到5200元，零售店的价格也只在5200元至5400元之间，一些经销商更是扬言，如果格力不按照我说的做，今年无疑死定了。

形势紧迫之际，朱江洪因过度劳累住进了医院。此时，格力公司内部已经形成共识：降价3%。

按照这样的做法，空调可以卖出去，经营部的销售压力也可以减轻。就算亏了，也是国家的损失，与经营部的关系并不大。但董明珠继续坚持不降价，她心里清楚得很，假如这样的话，公司将至少损失2个亿，而且还有可能将格力电器拖垮。

当时的董明珠还没有进入公司的高层，人微言轻，她的话也无人认可。最终，公司顺利通过了降价决议。当时一位分管财务的副总说得很轻松："我可管不了那么多，我管财务，只要现在能拿回钱，以后是以后的事。企业以后怎么样，我管不了。"

这种坐视不管的态度跟董明珠的焦灼担忧形成了鲜明的对比。后来，一向信任董明珠的朱江洪再次表现出与她之间的默契。他说："价格太低，专卖店为省几个钱，难免饮鸩止渴，牺牲安装维修，那么给用户提供的就是劣质产品。我认为，在难以保证质量和售后服务的地方，格力宁愿让出市场。"

董明珠在第二本自传《行棋无悔》中，谈到了她和朱江洪的事业默契：

"我希望有一天能超过朱总，我相信他也希望我能超过他；但我还相信，朱总希望自己永远站得比我高，就像他现在是董事长，我是总经理一样……说句稍微出格的话，如果不是我1994年回来帮忙整顿经营部，格力不会有今天。从这一意义上讲，朱总也是幸运的，如果他不认识我，将会是他的一大遗憾。"

价格战越打越激烈，以至于后来格力的员工自己都急了，他们反问董明珠："别家的产品比格力低800到1000元，两种产品摆在一起，顾客肯定会选择价格更低的，怎么会买我们的？"

董明珠怎能不懂业务员的焦灼与压力呢？她自己的压力更大，没有睡过一天好觉，她的手机始终保持24小时开机状态，平均每天打几十个电话，凌晨两点她也会接电话。在这种情况下，她反而安慰业务员，说："丢掉一部分市场是不可避免的。消费者不同，他们的要求也各不相同，哪有一种产品就能满足所有人的需要呢？现在格力柜机占了差不多50%的市场，已经很完整，没有必要用降价来追求一部分市场。"

不降价是为了不损害消费者利益，是为顾客负责，对经销商负责，对格力负责，对国家家电行业的发展负责。果然，坚守这种信念的结果是，格力在那一年又得到了丰厚的回报：格力的销售增幅达17%，售出97万台，第一次超过春兰；其中柜式空调增幅130%，使格力成为全国最大的柜机生产厂家。国家统计局和中央电视台调查中心联合发布调查公告显示，格力在空调类产品中位居"全国市场占有率""产品质量评价"和"售后服务质量评价"三项第一。

时间到了2007年，一直高价不跌的铜价忽然回落，在这个时候，格力空调首次全线降价。不过这次的降价却是让利于民。董明珠说："现在不是空调销售的传统旺季，这次价格调整我们之前一直没有对外宣传，因为我们并不是想炒作一个概念，让大家都来买我们的空调，而是想把铜价下降带来的收益实实在在地回馈给消费者。"

同样的出发点，2014年国庆期间，格力宣布20年来，首次大规模降价活动。这一反常态的举动，让美的、奥克斯等企业纷纷效仿。面对对价格战的质疑，董明珠的理由很简单：一是无论价格发生怎样的变化，经销商利润不会变化。二是这不是个封闭的时代，而是互联网的时代，"鲍鱼时代"已经不复存在。当一个企业规模和效益发生了变化，成果就应该和市场分享。

原来，2011年格力人均产值99万，到了2014年，已经达到180万，格力的生产成本是下降的。董明珠也希望让国家、股民、员工三者分享这个利益，同时，也让消费者一起分享。

有记者问，"格力降价幅度很大，会不会继续促销下去？"董明珠说："我把该让的利润让给消费者是正常的，我一定要让消费者用一个定频的价格用变频的空调，让中国真正进入变频时代，这是我想做的事情。"

对董明珠来说，"价格战""降价销售""低价甩卖"这样的概念根本从未在她脑海里出现过，她的所谓降价不过是出于格力"诚信经营"的理念，不过是让利于民，更好地保障消费者的利益，不过是一种大气、一种济世的情怀，不过是一个企业经营者所应该具备的道德标准而已。她讲良心，所以她才会如此坚持原则，而一个对人对己负责的人，无论她赚的钱多或少，她都将受到别人的尊重。

政府应支持本土品牌

内外资企业享受不同的政策待遇,使得部分企业家急功近利追逐优惠政策,而不愿潜心钻研经营和技术进步;其次,国家的相关出口政策没有对自主品牌和贴牌出口产品形成差异扶持,导致市场竞争力下降;第三,一部分企业家耐不住制造业的艰辛,经受不住其他行业的诱惑,从而半途而废。

——董明珠

再次回顾，2009年11月23日，董明珠愤然状告广州市财政局和广州番禺区中心医院投标黑幕一事。当时的事件，也引起了中央台的注意，在外力和媒体的作用下，政府最终对招标政策进行再次修正。虽然格力电器没有取得官司的胜利，却为招标政策的进步贡献了力量。

从格力的败诉来看，可以理解为一些人在私心欲望的引导下，"戏弄"了一把格力，不惜一切代价完成自己预设的目标。也可以理解为，政府对于外资企业或者合资、合作企业的兴趣，比本土品牌更大。

很多政府在招标过程中明确告知：只采购进口品牌或合资品牌。国人之所以如此，一方面是对本土企业的不信任，另一方面体现了我们的短视。众所周知，美国已经实施签署了WTO《政府采购协议》，但美国政府采购也只有10%是给外商的。还有朝鲜、日本、韩国这样的国家，更是以推崇本土品牌为己任，国民强烈拥护自己国家的品牌，表现出很强的排外心理。

与这些相比，我们竟截然相反。目前在各个政府相关部门集中采购招投标中央空调的过程中，即便民族品牌的价格比国外品牌低1/3，这些单位集中采购的仍然倾向于国外品牌，甚至有些地方政府采购外国产品的比例高达90%以上。

政府采购的核心应该是性价比，而不是以国产品牌或欧美、日本等洋品牌作为衡量标准。拿格力来说，格力现在的技术专利有900多项，发明专利有100

多项，与国外的一些品牌相比，它的部分产品技术已经超越了国际水准，甚至可以说，完全能代表国际水平。比如，格力的离心机、螺杆机、模块机和多联机，现在的多联机是家庭使用的小型空调，它最大的特点就是节能，刚好符合我国政府倡导的节约型经济，这也是全世界都在关注的热门话题。

在社会节能方面，空调现在已经有一级、二级、三级、四级，而目前为止，有一些合资品牌并不能做出一级能源的空调，在技术方面也不是最强，相反，格力却已经有很多产品全部达到了一级能源的标准。

格力每年投入1亿元资金进行技术研发，不断寻求突破进行自主创新，目的就是为了能让产品质量过硬，用产品的质量去赢得更多的公平竞争的机会，脱颖而出，走出国门。

在巴西，格力空调是最受欢迎的品牌，相当于富裕阶层使用的标准，有钱人买的都是格力空调，因为它的技术、性能和外观等方面都是最好的。

董明珠认为，作为本国政府，尤其应该责无旁贷地支持有竞争力的本土品牌。更何况，格力这样一个产品质量有保障的企业，并没有把过多的精力放在与政府的疏通和走关系上，而是通过一个公正的途径去参与竞争。

如今有很多企业迫切希望得到政府的大力支持，或者是资金方面的，或者是用地方面的。但董明珠对此持相反的意见，她不认为拿了政府的钱或土地就可以使企业快速发展。她觉得当本土企业不断进行技术创新已经超越国际水平时，就应该给予一个合理完善的环境。同时，格力并不畏惧外资品牌进来，进口品牌进来不仅不会打破原有的和谐，反而会进一步促进产品结构的平衡，但要有一个前提，这个前提就是必须统一标准。如果产品不符合要求，当然可以拒之门外，但是你现在没有让它参与进来，你怎么能简单地用品牌来确定它参与行还是不行？是骡子是马也要拉出来遛遛才行。

董明珠建议：应当加快和完善立法，尽快出台有关扶持民族自主创新品牌的政策；制定具体的、可执行并可监督的措施，防止政策在执行过程中走样。比如，可将设备等固定资产投资的国产化率作为一项考核指标、政策的倾斜要针对自主创新品牌等。

而当我们本土产品研发力量强大、技术更新快、又具备竞争力时，首先就会得到消费者的认可，同时也不会再刻意渴求外资企业的合作，我们可以变被动为主动，那时候也会发现合资对于自主品牌提升的帮助作用其实很有限。

董明珠认为国内企业应当在技术上实行高标准、对自己严格要求。拿格力电器为例，格力不仅每年投入上亿元的科研开发经费，还为此建造了一座产品研发中心，现在它已经成为了全世界空调研发中心之最。在这之前，格力电器也有一个几千万元的模拟实验室，可以看出，格力一直以来都是以一种非常自觉严谨的态度来对待自己的产品。董明珠说："格力从来不呼吁政府给自己多少资金，给自己什么倾斜政策，格力觉得倾斜政策就是创造一个公平的环境。"

在"两会"提交的议案中，《关于政府采购加快向自主创新产品倾斜》的建议中，董明珠说："发展创新过程中，不仅仅是技术创新，还要具备人才、管理的创新，甚至于营销创新，在这四个方面都实现了创新，才可能实现我们政府提出来的自主创新。就我们企业来讲，要实现纳税，纳税人是最光荣的，我们应以纳税为荣。企业不能像过去一样靠外国人的资本和外国人的技术，而我们纯粹只作简单的加工，或者是没有技术的一种附庸。我们未来的出路，我们的发展必须要拥有自己的技术。"

对于技术的追求，早在2006年，董明珠就带领格力电器获得了世界品牌的荣誉称号，并拿了全国质量奖。无论是技术、质量，还是品种，完全可以满足国内各种场所对格力空调的需求。而我国有些企业的自主创新能力之所以有很大的缺失，她认为这里面也是有原因的，而这个原因就跟政府有关。

董明珠指出原因有三："内外资企业享受不同的政策待遇，使得部分企业家急功近利追逐优惠政策，而不愿潜心钻研经营和技术进步；其次，国家的相关出口政策没有对自主品牌和贴牌出口产品形成差异扶持，导致市场竞争力下降；第三，一部分企业家耐不住制造业的艰辛，经受不住其他行业的诱惑，从而半途而废。"她的话可谓一针见血。

董明珠的建言引起了各级政府的高度重视。2008年，珠海市率先在全省范围内创造性地制定了《自主创新政府采购审核办法》，从制度上落实政府采购对自主创新的本土企业的扶持功能，确立了珠海市自主创新企业在珠海市政府采购市场的竞争优势；2009年，广东省也制定了《自主创新产品政府采购的若干意见》，标志着广东省的政府采购为自主创新产品开启了一条绿色通道；2011年，国家财政部、工业和信息化部制定了《政府采购促进中小企业发展暂行办法》，要求任何单位和个人不得阻挠和限制中小企业自由进入本地区和本行业的政府采购市场，政府采购活动不得以注册资本金、资产总额、营业收入、从业人员、利润、纳税额等供应商的规模为条件对中小企业实行差别待遇或歧视待遇。

董明珠的建言，为中国自主创新型企业起到了四两拨千斤的助力。支持本土品牌，热爱民族企业，这也是一种爱国的表现，身为中国人、中国企业，这是起码的道德标准。

与马云的怼撕

没有制造业,马云你也得完蛋。

——董明珠

过去五年，中国实体经济遭遇寒冬，大批的中小型企业关门倒闭，能源大宗商品更是惨跌，导致实体经济的大佬们对新兴领域的掌门人马云多有不满。在某一期央视的《对话》栏目，主持人提问实体经济几位大佬如何看待新派杭州互联网经济领头人马云提出的"新零售、新制造、新金融、新技术和新资源"五大变革时，浙江娃哈哈总裁、商界老前辈宗庆后首先发话说："除了新技术，其他都是胡说八道。马云本身不是从事实体经济的，能制造什么东西？"并且认为，新技术是实体经济应该追求的，能帮助制造业从中低端走向高端。

面对宗庆后的发言，其他几位也给予支持。TCL董事长李东升表示除了新技术，他对其他几个"新"不太理解。他认为马云所说的这几种新，更多的好像是按照马云自己的那种商业模式来量身订做的，马云希望以后的营商环境是那样的。

而董明珠则发挥一贯雷厉风行的霸气作风，火力全开，批评马云的"五个新"。她认为，去掉"新"字，都是以前存在的。她还提到，如今的90后热衷于开网店，坐在家里不用上班、不用考勤、每月赚一两千块的生存方式会给实体经济和社会发展带来冲击，也是"国家隐患"。

面对这种抱团批评，马云在之后的12月28号予以回击："不是互联网冲击了你，是保守的思想、不愿意学习的懒惰性淘汰了你，是自以为是淘汰了你。"

马云看来，在他眼中，并没有什么国企、民企之分，没有大企业、小企业之分，更没有实体经济和虚拟经济之分，也没有必要把企业分成三六九等，别人本来就看不起我们，我们还把自己分为三六九等，那不是更可笑吗？没有什么实体和虚拟之分，只有好企业和坏企业之分，只有好商人和坏商人之分。同时他表示，中国的经济现在很困难，面临转型升级，而转型升级既需要时间，又要靠智慧改革。在这个过程中，企业家要不断学习，不能只停留在昨天，抱怨或者害怕明天。

其实说白了，这是商界大佬们对于实体经济与虚拟经济如何发展的不同看法。随着互联网的深入，现在实体经济确实有脱实的担忧。毋庸置疑，实体经济是国民经济的根基，一个大国的必然标配就是要看实体经济的发展。要实现中华民族伟大复兴梦，实体经济的脊梁必须是挺直的。习近平书记曾多次强调，"工业化很重要，我们这么一个大国要强大，要靠实体经济。实体经济一定要抓上去。"

但如今互联网已经呈现排山倒海之势，几乎没有任何一个行业是脱离它而单独存在的，所以，实体经济要搞上去，同样也不能脱离它、排斥它，一旦出现排斥局面，实体经济必然面临严峻考验。

中国的制造业目前面临的状况不容忽视，年轻人不愿去制造业上班，中国还未进入真正的工业化，就已经朝虚拟经济过火的方向走去。所以，董明珠看到了这个现象，意识到这个问题的严重性，她认为这是有一定警醒意义的。

但批判虚拟经济过度膨胀的同时，董明珠并没有全盘否定它。早在2013年董明珠与雷军的10亿赌约时，董明珠就提出线上线下的均衡发展模式，让二者保持适度的比例，确切地说，两者之间不是"零和博弈"，而是相生共容。

有人说，董明珠这种苦行僧式的人物不可少，马云可以少。这话跟董明珠的观点有异曲同工之处。董明珠认为，如果没有实体经济，只靠互联网，不可能成功。失去实体经济，互联网不可能给国家和社会带来任何帮助。在她看来，互联网就是服务实体经济的一个工具。董明珠的话说得很硬气："如果实体经济不行，那一定是因为自己无能。互联网对我们来说只是（起到）提高效率的作用，而不是一种伤害。马云在马云的轨道上，而你在你的轨道上。不可能因为马云，制造业就完蛋了；反过来，没有制造业，马云他才真正完蛋了。马云离开我活不了，我离了马云照样活。毕竟服务业是要服务于什么东西的，特别是高端服务业，要依赖于制造业。"

网络销售的一个显著特点是产品价格相对于实体店，要低得多。海尔、美的、创维、TCL等都有自己的互联网品牌，都选择与阿里巴巴合作，格力也不例外。但格力坚持的原则没变，董明珠说，"格力的产品不会因为在实体店价格就高，价格是由所用的材料和技术决定的，线上线下不会出现很大的差异。如果有人说，网上的价格一定要低，我只能理解为偷工减料，而格力要坚守的原则是脚踏实地。"

实际每年的"双十一"等活动，价格促销战均让电商收益颇丰。但同时也出现一个不争的事实，正如董明珠所说，有许多买来的产品，消费者发觉质量有严重问题，不得已又退回去。线上产品的价格低，并不见得它就值得购买。同样，如果消费者的需求都是一样的，质量肯定也会一样，线上线下的价格就不会差距太大。质量的标准只有一个，只是存在线上和线下的不同模式而已。

在这点上，董明珠始终坚持"一分价格一分货"的道理。

然而，同为家电行业三巨头的海尔、美的，因为先学习互联网，拥抱了电商渠道，加大电商渠道的投入力度，所以在线交易额、全球交易额均有重大突破，持续增长。由此可见，谁的电商做得好，谁的销售额增长就快，这也是足以引人深思的一个问题。在这点上，格力一直不太积极主动，稍微落后于前两家。董明珠却不慌不忙地强调顺应时机，而不是过分依赖，"没有制造业，马云你也得完蛋。"不急于求成，不甘于失败，不会轻易改变，保持一颗匠心，稳扎稳打做自己，坚守对的原则，做对的事情，这就是董明珠。

中国有句古话，叫"物极必反"。互联网时代的到来让虚拟经济的步伐不可收拾，实体经济受到严重冲击，但这种状况会一直持续下去吗？很显然不可能，时代在不断发展，社会在不断进步，经济也在不断壮大，实体经济是虚拟经济发展的前提和根本，没有实体经济，虚拟经济便无从谈起。

目前，我们知道淘宝和京东两大平台的创始人，一个是阿里巴巴的马云，另一个就是京东的刘强东。据说马云自己并不使用淘宝，从没在淘宝上买过一件东西。而刘强东则不同，他每年都会上网网购自家的产品。京东与淘宝有一个很大的区别是，京东自建仓库和物流实体企业运营模式。

这种模式在起初并不被马云看好。而现在，马云却很赞同这种模式，时间会证明一切，这种模式不仅解决了全国各地的大量需求，而且以最快的速度将产品送货至买家手里，这一特点一直是京东的优势，被广大购买者称赞。

董明珠频繁炮轰马云时，马云会恰到好处地迅速做出反击。但刘强东这位电商大佬却不会，相反，他分出了一部分精力，为线下实体真正做点事情。京东推出"线上付款，线下配送"的APP，配送的每一个商家，都是买家周围的实体店，无论是小吃店、便利店、花店、药店还是更大的超级商场，人人都提供商品配送服务。

刘强东说，"互联网做得越来越虚拟，对实体企业没有带来额外的价值，这样只会是一个盘剥者。"他的话间接证实了董明珠的观点：实体店一定会迎来转机、逆袭。

仔细总结，当初电商之所以能逆袭实体店，很大一部分原因是因为价格。但现在，电商渠道虽然依旧拥挤不堪，价格竞争却很激烈，而且电商流量成本已经和实体店不相上下，正和董明珠坚持的"脚踏实地"是一个道理。过去，线上比线下活跃，而现在线上更需要线下的实体店合作，将实体店作为线下产品展示和体验的窗口。董明珠早已对此作出预见，格力也有自己的实体体验店，专门为这一趋势做了全面部署。至于董明珠跟刘强东的关系，那也是好得不得了，这可能就是英雄惺惺相惜、默契十足的见证。

2016年3月8日，"董明珠自媒体"高调上线，这是个完全互联网化的媒体平台，是格力和董明珠本人与世界通联的窗口。当天，董明珠用她"格力最牛推销员"的优势高调推出了一款高端电饭煲，叫板价格高出格力大松电饭煲数倍的日本电饭煲。而通过现场盲测及中国质量协会的科学评测，格力大松电饭煲的综合口感、营养指标等均胜过日本电饭煲。

董明珠说："制造业和实体经济是老虎，互联网是翅膀，要想如虎添翼，实体制造业必须夯实。在互联网时代，很多传统企业都有互联网焦虑症，但我觉得很奇怪，为什么要焦虑？有人认为格力是传统企业，和互联网之间能有什么关系？正如龙永图部长所说，'互联网+就是如虎添翼'，首先要打造千千万万个强壮的'老虎'，即中国的实体企业和制造业。"

实体兴邦没错，互联网也不是洪水猛兽，但同时我们又看到，格力在2016年无论是营收还是净利润，相比往年都有了明显下滑趋势。这也说明了一点，好质量的产品如果没有找到一条突破性的销售渠道，再好的东西都将会被埋没。2016年，一向擅长在各个渠道下功夫的美的，全年在天猫单渠道销售额突破了100亿元，成为家电行业的一个重要里程碑，这也给董明珠带来了不少的压力。有人开始质疑她思想落伍了，2016年度董明珠的一系列遭遇可见一斑。

有句话说，"国家要富强，民族要强大，一定要发展生产，而不是做买卖。"飞速奔驰的马云，也许应该等一等脚踏实地的实业脚步了。

第七章
民族脊梁，霸气与呐喊

本章阅读

★ 富豪妈妈，低调儿子

★ 企业要把社会责任摆在首位

★ 独树一帜的企业家精神

★ 拯救企业于水火

★ 让世界恋上中国制造

富豪妈妈，低调儿子

我一下就明白了孩子那时内心的紧张和没有安全感，我心里难受得不得了。

——董明珠

董明珠叱咤商界多年，声名显赫，她有多成功，她内心的某个角落就有多愧疚。在她服务格力20多年的岁月，作为职业女性，她是成功的。但为了工作她放弃了一部分生活和亲情，她又是遗憾的。她唯一感到对不住的人，就是她的儿子。

董明珠的儿子小名叫东东，准确地说，是一名留守儿童。东东两岁丧父，八岁母亲离开他南下打工，之后母子俩很少见面。他是跟着奶奶长大的。

跟同龄孩子相比，东东的童年并不好过，妈妈鲜有的几次回家，又匆忙离去，他只是一边微笑着跟妈妈摆手，一面独自躲在被窝里哭泣。小小的年纪就如此懂事，让董明珠欣慰的同时，又自责、遗憾。儿子从小到大的家长会，董明珠几乎没参加过，都是让同事帮忙去开的。尽管董明珠如此"不负责任"，但儿子从未抱怨过她一句，相反，还十分体贴、支持、理解她。

渐渐长大的东东，慢慢地学会不在妈妈面前流泪了，而是用一种开玩笑的口吻对董明珠说，"报纸不能总表扬妈妈，也要表扬我啊，因为没有我这么懂事的孩子，妈妈就不能安心工作。"

董明珠很少流泪，偶尔流泪，就是这样被儿子感动的。

2007年1月，董明珠荣获央视"2006年CCTV中国经济年度人物"，儿子给她发来了一条祝贺短信，董明珠当场落泪。这份深沉的感情压抑得太久了，藏得太深，所以在爆发的时候，那么令人动容，感动了在场许多人。

这么多年，儿子一直是董明珠心里最大的精神安慰。

1995年，董明珠住院，医生轮流跟她谈话，让她意识到自己的病可能有些严重。就在那一瞬间，她想到如果自己走了，儿子怎么办？她忍不住失声大哭。

后来儿子过来陪她，什么都没说，只是静静地握住她的手。千言胜过万语，儿子就是这样一个沉默又温暖的人。董明珠在这双手的温暖呵护下，松开眉头，心里舒然了。

如今，董明珠的儿子已经35岁，身高一米九，硕士毕业，学法律，做律师，工薪阶层，开20万的小车，住着租来的房子。为人很低调，从不抛头露面，连他的大名几乎都没人知道。他也从不告诉别人，他就是董明珠的儿子。他不像其他富二代，借助父母的名气、地位、金钱，他的性格很像董明珠，他说："妈妈，你能从零做起，我也可以。"

儿子勤奋刻苦学习，踏踏实实做人，认认真真生活。每逢提起儿子，董明珠都会情不自禁地露出笑容，那一刻，儿子让她成为了一个温柔万分的女人，她的眼神不再锐利，而是幸福和满足。评价自己的儿子时，董明珠说他"优秀""严谨"，是个"暖男"。

我们都知道，家庭教育对一个孩子来讲有多么重要。董明珠对儿子的教育看似比较苛刻，不过也无形之中磨练了儿子的意志，让他成为了一个有担当、独立自强的男人。

12岁那年，儿子第一次坐飞机。他对董明珠说："妈妈，你能不能送送我？"彼时的董明珠已经是"走过的路，寸草不生"的商界女强人，她有足够的能力让自己圆了儿子的心愿。但她没有，而是摇摇头，很残酷地对儿子说，她很忙,没有时间。儿子不死心,又渴求道:"能不能让你的同事送送我?"董明珠再次摇摇头,拒绝了他。

多年后回忆起这个片段,董明珠心里一片唏嘘。她不晓得那个眼神里充满殷切希望的12岁孩子,是怀着怎样一份心情离开了那里。他一个人乘公交车,再一个人到达机场,广州机场的混乱不堪,身体单薄的他孤独地走在那嘈杂的环境中,内心是不是会涌现出一份孤独跟落寞,还是说,紧张和害怕?

回忆起来,董明珠觉得自己也挺残酷的,这么"无情"的妈妈,天下估计也没有几个。

到了目的地,孩子下飞机时,格力的营业员来接他。营业员在电话里告诉董明珠,孩子简直就是从机场冲出来的。董明珠哽咽地说:"我一下就明白了孩子那时内心的紧张和没有安全感,我心里难受得不得了。"

可是除此之外,孩子心里对妈妈的那份焦灼的期盼,以及渴望从她那里得到的温馨母爱,也包含在内吧?

董明珠从来没敢跟儿子探讨这个问题,她太明白别的孩子都是在母爱的滋润跟眷顾下长大的,那里充满欢声笑语。而儿子东东却从小就习惯了掩盖自己的感情。

这样的儿子,长大后自然也很深沉,很稳重,值得人信赖。他的婚恋观可见一斑:婚姻是要负责的,不是买东西,今天买了明天扔了,要找到互相认可的。寻找真爱的过程可能会漫长些,但找到一份真感情,就不用一辈子再折腾了。

谈及如何培养孩子时,董明珠对那些过度溺爱孩子的父母的做法,表示强烈地反对。她认为那种让孩子吃好、喝好、穿好、住好,用车接送孩子上下学,送礼物给孩子,考试时甚至带着饭菜给孩子送去的做法,并不是真正的爱孩子，相反，她认为要给孩子一个自立思考成长的空间，要让他们自己去判断事物。

儿子11岁时就被董明珠送到了寄宿学校。当今许多家长是不舍得让孩子离开自己的视线的，他们总是竭尽全力地想让孩子在自己的羽翼下生存，生怕孩子受一丁点儿委屈。但让孩子去寄宿学校生活的好处却有很多，比如在那里学会独立，学会与人交往，学会适应，懂得了世俗，也强壮了内心。一个能够依靠自己成长的孩子，他一定是那个最懂事、最重情重义的孩子。现实生活中的许多事例都在证明一个道理：刀不磨不锋利，人不磨不成器。一个人的包容之心、感恩之心，都是在经历了旁人无法理解的苦楚后，独自默默收获并战胜的，这才是人生最大的财富。它无法分享，唯独经历！

董明珠的理念儿子帮她做到了，这对他们母子来说，都是值得骄傲和欣慰的。

从那以后，她跟儿子之间主要靠电话联系。但儿子却很少给她打。

有一次，董明珠急了，问儿子为什么不给她打电话。儿子回答说："我不给你打，你也会给我打。"

那一刻，董明珠顿时明白，一个母亲是不能总是希望儿子围着自己团团转的。他有自己的目标，他想要成为一个对社会有用的人，那么她就更不应该用这种心态去要求他。

同理，想想我们身边的许多父母，除了过度溺爱自己的孩子外，还总是希望孩子朝着自己期望的方向发展。把自己的某些无法达成的心愿全部落实到孩子的身上，当他们拿自己的"毅力"去勉强孩子时却从未真正意识到，孩子也是有他们自己的想法和追求的。所谓"己所不欲，勿施于人"，天底下做父母的似乎很少理这个茬儿，并且还总认为自己的做法就是对的，是为了孩子好，并且理直气壮。

这么多年，儿子从未跟董明珠发脾气，只有一次，他发了火。

那次他们两个正谈得起劲，这时公司的电话又打来了，儿子走过去，忍无可忍，一把把电话线拔了。他对董明珠说："老是在跟你沟通的很有感觉的时候，却被你的电话给破坏掉。"这样的次数太多，这样的戛然而止太多，这样的压抑太多，所以他忍不住爆发了。

连坐下来静静谈话的时间母子俩都很难享受到，也难怪儿子会生气。而董明珠也晓得，并不是儿子不希望她好好工作，他也怕影响她的工作，也知道她很忙，但是，身为儿子，他难道不同样也有许多话想对她说吗？

有一次，董明珠去北京出差，大半夜10点多了，她跑去儿子的宿舍，敲了门。母子俩见面没说几句话，她就转身走了。就是这样，有许多话想说却一直没有机会说，感情压抑得太久，以至于时间久了连想说的话都不知道该从何说起。那场面也一定是非常凄冷的，董明珠转身离开后，母子俩心头应该都是湿润润的吧？

无论董明珠对儿子的教育方式是不是太残酷，是不是正确，但母子之间的这种相互默契地支撑、理解，都让人感动。就像我们都懂得那个肤浅的道理：人只有落难一次，才知道谁的手最温暖；情只有争吵一回，才知道谁的心最软；酒醉后，嘴边念叨的人，是你最爱的；生病后，身边照顾你的人，才最爱你；出事了，你指望的人不一定能帮得上忙，但需要了，你没想到的人也许会给你帮忙。一个人对你怎样，不在距离上，而是在心上！

也许这世间有这样一种感情，就叫董明珠和她的儿子。无需太多解释，一个眼神，一个沉默的电话，已经足够。

企业要把社会责任摆在首位

如果企业的发展靠牺牲别人的生命，以破坏环境为代价，这样的企业就没有价值。真正的价值应该是为人类创造美好的生活。企业应围绕环境、资源、人类健康来思考。

——董明珠

2016年12月10日,《中国企业家》杂志社在北京举办了一场主题为"主场中国——解码未来商业方案"的中国企业领袖年会,董明珠应邀参加了会议。她在演讲台上同与会嘉宾分享了"中国企业领袖应如何创新思维、解码未来、引领新一轮商业变革,在全球范围内建立新的商业秩序"的观点。

董明珠说:"中国的发展离不开实体经济,如果没有实体经济,仅用金融杠杆,对中国来说是灾难性的。我们要重新定位和思考,不仅仅要考虑销售指标、利润指标,还要考虑给社会带来什么。过去企业在发展过程中只关心赚钱,至于别人是什么样并不关心,但今天我们把社会责任摆在首要的位置。"

实际上,董明珠提到"社会责任"这个词已经不止一次。在2016年12月1日的"国际制冷空调技术交流会"开幕式上,她就强调过,企业具有越强的社会责任感,其竞争力就会越强。企业社会责任比赚多少钱更重要。

社会责任一直是董明珠的信条。作为一家全球最大的空调制造企业,格力始终以"让世界爱上中国造"为己任,坚持自主创新,坚守工匠精神,依靠领先的科技技术打造国际影响力,成为"制造强国"国家使命的忠实践行者和开拓者。董明珠本人也是"中国社会责任杰出企业家"获得者,是中国当之无愧的最具社会责任的企业家之一。

在董明珠看来,企业不仅要追求经济效益,还要勇于承担社会责任。两会期间，政府工作报告中提到"今年要完成1000万以上农村贫困人口脱贫任务，企业家应该投身这次（任务）中去。"董明珠就积极响应国家政策，把格力的基地建在了比较偏僻的一些地区。

有人说她傻，大城市有高新区，也有国家开发区，把企业建在穷乡僻壤，还要交更多的税，图什么？她却觉得身为一名企业家，就是要敢于奉献和担当，把社会责任放在首位，为国家和社会谋取更多的福利，让更多的贫困人口能就近就业，并且带动当地的基础设施建设，为百姓脱贫致富创造条件，才是一个人的价值体现，才是一个企业的社会担当。

董明珠说："今后也将尽自己的能力去做好这件事，让自身的企业优势，在扶贫道路上投入更多，走得更远。"

在董明珠看来，社会责任并不是一个单一的概念，而是一个复合的、系统的概念体系，让"中国制造"更加强大，让百姓生活更加舒适，让环境变得更加美好都是其中的应有之意。

同时，企业竞争也不是说把别的企业都击垮，而是带领其他的企业一同去发展，把技术保持在世界领先的地位。这种技术不仅是领先的，还应该是绿色的。

修炼内功，掌控领先于国际的先进绿色技术，为保护环境做出贡献，不断进行创新的同时，把致力于绿色环保节能技术放在重要的位置，在技术研发上，"按需投入，不设上限"，才是一个履行社会责任的企业的表率。

在20多年的探索中，格力致力于研发节能技术，并广泛运用于家用空调和商用空调两大领域中，为建设资源节约型、环境友好型社会，起到了良好的示范效应。

例如，2010年，格力"1赫兹变频技术"被纳入"国家火炬计划"，并于次年荣获"国家科技进步奖",该技术被鉴定为"国际领先",在舒适和节能方面创造了新的技术标杆;2011年7月14日,全球首条碳氢制冷剂R290分体式空调示范生产线在珠海格力电器正式竣工,打破了国外技术垄断,并顺利通过中德两国联合专家组的现场验收;2012年12月,格力双级增焓变频压缩机被专家组鉴定为国际先进,改写了空调行业单级压缩机的百年历史,并首次实现全系列双级增焓变频压缩机产业化……

再例如,2011年,格力电器成功研发出世界第一台永磁同步变频高效离心机组;2013年,格力电器集成了永磁同步变频离心机技术与光伏技术,首创的"不用电费的中央空调"——光伏直驱变频离心机系统惊艳亮相,荣获国际领先认定;2014年,格力将磁悬浮轴承技术与永磁同步变频技术融合,成功研发出拥有完全自主知识产权的第四代磁悬浮变频离心机,是业界单机冷量最大、能效最高的磁悬浮离心机,达到国际领先水平;2016年3月29日,高效永磁同步变频离心式冰蓄冷双工况机组被专家组一致鉴定为国际领先;2016年8月21日,集成了环境温度-40℃可靠运行制冷技术、抗震及抗风载结构设计、高防腐和高可靠性设计等一系列关键核心技术和设计的百万千瓦级核电风冷螺杆式冷水机组,被多位专家鉴定为国际先进水平……

2016年7月23日,董明珠在第二届中国制造高峰论坛上正式宣布格力正式进入多元化时代。将模式定义为"双智"模式:智能家电和智能制造。未来格力的标签不再是"家用电器",而是"精工制造"。让智能产品和智能制造相互成就,发挥从产品到设备的协同效应,在新兴领域开疆拓土,打造核心技术,达到多条赛道并驾齐驱,为提升中国制造品牌意义,付出进一步努力。

董明珠表示:"中国早已经是制造业大国了,但距离强国还有不短的路要走。企业需要不断去学习，不断去创新，通过提升自己助力'中国制造'。世界在发展，中国已是大国但还不是强国。我相信创新改变世界，只要专注、坚守就没有什么做不好的。"

在收购珠海银隆失败后，"野蛮人"迅速买入格力电器股票，一跃成为第三大股东。对此，董明珠十分愤慨，她认为如果是真正的投资者，谁来都没有关系。但如果没有实体经济的支持，仅仅想用杠杆来搞发展，对实体经济的打击将会是灾难性的。她喊话"野蛮人"："企业的行为要跟国家的发展结合在一起，不然就会成为社会的罪人。"并称中国要强大，必须要让实体经济发展起来，她鄙视那些证券市场频频举牌、兴风作浪的"野蛮人"，他们为了让自己快速发财，无不急功近利。董明珠说自己永远也不会做金融。

自2016年8月起，格力电器给每位安装工的安装费用上每台增加了100元；11月24日，又宣布凡在公司入职满三个月的员工，每人每月的工资涨1000元，格力近7万名员工，意味每年新增开支在8.4亿元左右；而且，近两年来，给中小股东的分红就达180亿元之巨。这还能说实体经济不行了吗？这样的行为很多上市的互联网公司也是做不到的。

把企业利益惠及到每一个人，让所有人共享成果，这是董明珠的情怀，是她的格局，也是她的担当和追求。她坚信，一个人有多大胸怀，就有多大的舞台，就能干多大事业。

同时，格力电器也是实体经济中的环保担当企业。董明珠曾说，"如果企业的发展靠牺牲别人的生命，以破坏环境为代价，这样的企业就没有价值。真正的价值应该是为人类创造美好的生活。企业应围绕环境、资源、人类健康来思考。"也是因为格力空调能做到质量过硬，环保测评指数过硬，格力空调才能雄赳赳气昂昂地奔向国外,承接中国制造这个担当。

早在2001年,格力就在巴西马瑙斯设立其海外第一个生产基地。15年来,格力在巴西经历过各种"水土不服",早就适应了那里的环境,并且昂然立足,成为巴西国家使用率最高的空调产品。"好空调,格力造""买品质,选格力"的良好声誉,不仅享誉国内,还享誉了世界。家用空调连续20年蝉联国内销量第一、连续10年蝉联世界第一。

作为草根平民励志典范,董明珠是用她的人格魅力,在一步步成就着格力。正对应了《中国企业家》杂志社社长的那句话:"判断一个企业和一个企业家的好与坏、高与低不再是简单地看它的成就,还要看它的愿景和使命。"中国制造的崛起,需要更多像董明珠这样的人。

独树一帜的企业家精神

把一种单纯的信念贯穿于生活中,往往需要付出并不简单的代价,它需要疯狂的热情去浇灌,也需要坚强的内心去支撑。

——董明珠

有句话叫"有人的地方就有江湖,有江湖的地方就有博弈"。人跟人之间,公司跟公司之间,甚至是国与国之间,总少不了"战争"。身处竞争激烈的家电行业,董明珠不无爽快地说:"我就是一个好斗的人,跟天斗,跟地斗,跟人斗。但这里面要加个括弧,'坏人,或者是不良行为'。如果我们不敢去挑战,去斗的话,那我们让这些不良的行为,影响到一个正常的正能量,我觉得这是挺可怕的。所以每个人都要站起来,在社会发展过程中,我们肯定会面对很多问题,没有问题,它不可能存在发展。只要有发展,就一定有新的问题出现。但是我们面对新的问题,采取什么态度最重要。"

1990年代,空调行业流行一句话:"不吃、不喝、不嫖、不做空调。"当时董明珠在格力正干销售业务员,她既腼腆、文静,十分注意吃相,又不会喝酒,更不要说支持其他不正当行为。本身她年纪也摆在那里,跟一些年轻的、为人处事灵活的女子相比,她也不漂亮,综合来讲,她不具备任何优势。

但正是这种所谓的行业潜规则,唤醒了董明珠的智慧跟原则。她认为那种吃、喝、送点礼就能做成事的方法根本不对,也不是长久之计。要想真正取得良性的长久合作关系,只有一个办法,必须让消费者认识到你的产品质量没有问题,这才是最关键的。

当时董明珠最爱做的且是唯一做的一件事,就是天天往公司打电话。她不耐其烦地反馈，产品这里有问题，那里有问题，天天对着电话吼：一定要把产品做好，没有好的产品，就是卖得再好，也是个骗子！

当时一起干销售的一个女同事，告诉董明珠一个经验："我"认识了某某官员，利用这个官员压别人的产品。

董明珠并不认同这样的做法，她认准的唯一办法就是提升产品的质量。所以格力空调在董明珠执掌之后，她对技术投入的要求就是"上不设限"，这些宝贵的经验都是她从做基层业务员积累而来的。

从普通销售员到世界级家电企业的掌舵者，董明珠带领格力实现了跨越式发展。许多人认为，董明珠最可怕之处就在于她的较劲，她把"工业精神"具体化，也让"踏踏实实做事情"成了格力的生存哲学。她强调"工业精神"而非"商业精神"。商业精神过于强盛，但是工业精神却是一种实实在在的创造，是一种敢于吃亏的精神。这点难能可贵，也稀缺得很。

曾经与美的的互掐，让人们觉得董明珠就像是一个任性十足的孩子。且不论在任何场合，她都不忘记损对方几句，有时是面带优雅迷人微笑的，有时则是义正辞严，不容置疑的。而在呼吁严惩技术侵权时，她又绝对是正义凛然、彪悍威猛的。在她而言，侵权行为就是一种对"工业精神"的亵渎行为。一旦遇到有辱"工业精神"的人和事，她是绝不能容忍的。

"和谐都是斗争出来的。"这是董明珠的口头禅。她的好斗还体现了另一种精神，那就是诚信。

"企业的核心不应该是单纯的销售，更重要的是经营方式、价值观念，工业精神与诚信文化是相融共生的。"董明珠不止一次地对外界强调过这句话。实际上，她是用心在传递一种精神，那就是企业要自强，技术诚信是一个国家制造业的底牌，这张底牌没有了，行业就会乱。

中国早已是制造大国，但仍然还算不上制造强国。与发达国家相比，还存在一定差距。所以，在董明珠看来，中国企业要想走向世界，受到世界的认可，就必须要靠技术和品质，而她把这种对创新的追求，当作是提升中国制造水平的先决条件。

公司内部谈话中，她说："别人喜欢遮丑，我喜欢揭疮疤。我表扬你的都是过去的事，过去的事已经不重要了，重要的是将来应该怎么样。作为一个企业，如果每天能否定一些昨天的东西，做到不断推翻自己，那就一定会有创新。"她对企业、对自己、对员工的要求都极其严格。

任何一个地方都是一个江湖，都存在竞争激烈的现象。而董明珠认为任何一个行业都存在"左、中、右"。所谓"左"，就是对自己要求严格，思考怎么把产品做到极致，去不断满足消费者新的要求；"中"就是跟在别人后面模仿，别人怎么做，我就怎么做；而"右"就是低质、低价。企业除了诚信，还要学会自我挑战，比如空调，以前人们认为只要风大就是好空调，可现在呢？人们开会，没人愿意坐在空调风口下，那多伤身体啊！所以，无声无风的格力空调横空出世了。

除了与坏人、不良行为做斗争，董明珠还喜欢跟自己较劲，她对待自己，照样狠得很！

"我董明珠永远都是对的，我从不犯任何错误"，因为这句话，董明珠被不少不明所以的人嗤笑，但其实她内心真实的声音却是，"不是说不可能，是一定要做到的，因为你犯一个错误也许会给企业带来致命的打击。"

人无完人，谁还能没有短板？可董明珠又说："我不允许自己有短板，如果讲唯一的短板，可能就是一点，我从不穿工作服。"

工作之余，董明珠还自己写书。2000年，董明珠首推自己的自传《棋行天下》，不少销售人员阅读过这本书后，感同身受，忍不住流下了眼泪。这本书前后再版两次，至少印了20万册，热销程度远超之前的想象。

2003年，董明珠又趁热打铁，将《棋行天下》拍成电视剧《行棋无悔》，搬上了中央电视台的大荧屏；2006年，她又出版了同名纪实性自传体小说《行棋无悔》。她的员工们都这么评价她："她把整个一生都奉献给了格力，她有很执著的敬业精神，她对企业没有私心，她拥有敏锐的市场观察力，她有显赫的业绩，她是一位了不起的企业家。"

1998年，格力进军巴西市场，投资2000多万美元在巴西亚马逊州建立空调生产基地，并于两年后在巴西玛瑙斯自由区投资3000万美元建立了年产20万台空调的"格力电器"巴西有限公司。格力也由此成为中国第一个走出国门的家电企业。

2001年至今，格力在巴西的销售网点已经宣布24个州拥有200多家代理商，近1000家经销商。在巴西，"格力品牌"家喻户晓，是巴西当之无愧的空调第一品牌，也是巴西销售价格最高的空调品牌之一，节能表现获得巴西市场认可，占有率稳居前列，深受高端用户的喜爱。

在巴西，电力非常紧张，节能观念特别强。在中国，空调的能耗比分5级，第五级是门槛。而巴西的门槛要比中国高一阶，相当于中国的4级，也就是能耗比要达到2.8。格力在巴西建厂，厂子刚投产就遇到了问题，格力巴西厂是个组装厂，大量的零部件需要从中国出口到巴西，有时东西到了巴西后难免出错，比如零件的包装，这与走私是两码事。可是有人抓住这个把柄，扣住格力100多个货柜。私了，5万巴币；公了，15万巴币。这当然是有人为得好处而找的理由。这时候，董明珠又"斗"起来了。

"唯一的解决办法就是不出一个错,提高自己的管理水平,把好每一个细节,不偷税漏税,依法行事,让人找不到敲竹杠的理由。"董明珠下令格力所有的产品能耗比要达到1级、2级——3.4和3.2。在她的严格要求下,格力空调因此在巴西连续5年被评为最节能的产品。

除了巴西,在中东、俄罗斯市场,格力针对这两个市场的特点,也分别推出"沙漠空调"和超低温多联中央空调来打市场,使得格力空调在这些市场大行其道。

2006年,格力电器独揽"中国空调行业标志性品牌""中国世界名牌""全国质量奖"和"出口免验"四大荣誉。尤其"中国世界名牌"桂冠的获得,将格力品牌的美誉度提升到一个更高的层次。而董明珠提出的"打造百年企业,创立国际品牌"的战略目标,也向前迈进了一大步。

想当初在2012年朱江洪退休后,不少人质疑,"朱董配"解体之后,格力能否继续保持领先?此时媒体也放大了董明珠的好斗、咄咄逼人、不给对手留余地的个人形象。朱江洪离开之前留了一句话,"2012年格力电器冲击营业收入1000亿元目标不变",董明珠用自己的实际行动为他完成了这一目标,而那些过度夸张的宣传,此时却物极必反,成了让格力品牌更具丰满度的标志。

人可以庸庸碌碌地过一生,也可以很有价值地过一生。就看自己的选择是什么。对董明珠来说,能够因自己的存在而为别人带来快乐,这才是她的选择。2014年的时候,格力在董明珠的带领下,走进了世界500强,排在了福布斯第385位,竞争行业家电类世界第一。如今,智能家居、工业机器人、高端模具……这些都成为格力开辟的新跑道。董明珠说到做到,她破釜沉舟的决绝背后,正是她那高尚信仰的释放,是她对中国制造业的无限美好的憧憬和期望。

拯救企业于水火

2016年获奖很多，但今天这个奖分量特别重。当下都在急功近利，希望快速发财，为了得到更多收益而让实体企业放弃自己。"中国制造"一直以来在世界上就被视作"低质、低价"的代名词，这样的现状需要中国企业自己来改变。格力不会沉迷2016年的成绩，2017年会更加快速发展，2017年格力要对员工负责，对消费者负责，还要对社会负责，为"中国制造"走向世界迈出新的一步。

——董明珠

2017年1月10日，在北京举行的"2016中国十大经济年度人物"的颁奖盛典上，董明珠再次获得殊荣，且是毫无悬念地上台领奖的第一位企业家。

这次参与评选的企业家共有上千人，他们所在的企业覆盖了传统制造、互联网、金融、快消、文化娱乐、物流、能源等诸多行业。其中131位候选人，每一个人都是自身所在行业的佼佼者，年纪最小的是80后代言人王思聪，而年纪最大的则已76岁。董明珠在评选中脱颖而出，且是通过网友公开票选、专家评审团复评、媒体评审团、机构评审团及组委会历经3个多月的激烈角逐的结果。可以说，能再度当选年度经济人物，是大众对董明珠的再一次心悦诚服地认可。

组委会给董明珠的颁奖词是："她一手缔造格力传奇，见证格力电器完成国际化家电企业的成长蜕变；她敢言敢为，叫板渠道巨头，对赌互联网企业，击退'野蛮人'；她忧心民族品牌，坚持'中国制造'，钻研核心技术，为中国造走向世界开出良方。在转型的十字路口，她率先开启智能家电、手机、汽车等多元化探索之路，再次点燃格力的激情与梦想。"

能够突出重围，董明珠可谓是实至名归。

2016年，格力继续致力于"让世界爱上中国造"，格力电器在董明珠的率领下，成功实现智能化转型，从"中国制造"走向"中国创造"，正式向市场推出了口碑和销量俱佳的大松IH电饭煲和格力二代手机。另外，格力电器智能装备产品覆盖了工业机器人、智能AGV、数控机床等多领域超百种产品，获得了超过150亿元的利润，在家电行业首屈一指。

同时，在2016年，董明珠以一人之力，力排众议，以个人力量出资收购珠海银隆，公开喊话"野蛮人"，在既担心"野蛮人"砸门，又要防东家出卖的困顿局势下，以拉上王健林实现华丽逆转作为反击，这一仗打得艰辛而又漂亮！

董明珠登场后说："如果连一个电饭煲、马桶盖都做不起来，中国怎能称得上制造大国？为了中国人能用上自己的（电）饭煲我也要来。"之后现场播放了记者在街头采访老百姓的小视频，有人说，"一直用格力"，直夸格力空调质量好；也有人说，"董明珠是女强人，女性楷模"，她俨然已经成为中国女性的偶像；还有人开玩笑问她，"董小姐拿了这个奖，格力能不能降个价？"董明珠霸气回应，"同行都在商量怎么涨价，但是成本的上升远没到前些年的制高点。企业要顾全社会影响，格力还是不涨价。接近市场份额50%的格力空调不涨价，别的可能也涨不了价。"还有一位上了年纪的老大妈称，自己虽然没有买过格力的产品，但一直在买格力的股票，逗得现场一阵哈哈大笑。

回顾这一年，可以说是董明珠工作以来独自斗争最为艰辛的一年。她也不无感慨地说："2016年获奖很多，但今天这个奖分量特别重。当下都在急功近利，希望快速发财，为了得到更多收益而让实体企业放弃自己。'中国制造'一直以来在世界上就被视作'低质、低价'的代名词，这样的现状需要中国企业自己来改变。格力不会沉迷2016年的成绩，2017年会更加快速发展。2017年格力要对员工负责，对消费者负责，还要对社会负责，为'中国制造'走向世界迈出新的一步。"

财经图书出版人吴晓波作为评选人说道："2016年很多人说是'黑天鹅'的一年，国际和国内经济的确发生很多'黑天鹅'性的事件，但是我们在评选中也发现一些必然可能会出现的事情。比如，在实体经济中，在几年艰难的转型之后，新的商业模式和新的领袖人物正在出现。

"我们看到在消费升级的大环境下，中国新中产阶级正在成为新的经济崛起的力量。在新经济领域里面，我们看到，互联网正在成为几乎所有行业的基础设施，同时我们在金融领域里面看到了很多创新和变化。同时在新能源、新材料、人工智能、基因科学等等领域都看到了很多新的创新。

"今天中国经济规模已经越来越大，我们企业规模也越来越大，所以在某种意义上来说，2016年中国的企业界进入到了一个没有对标的时代，正在进入一个陌生而更加辽阔的航道……"

经济雾霾如同北京的天气一样，让一部分人裹足不前，让一部分人趁机搞杠杆经济肆意掠财，让一部分人轰然倒下，也让一部分人勇往直前不屈不挠，在梦想的道路上奋力出击，为实现梦想而战，为家国情怀而战。正如媒体对董明珠的评价："她淡定的笑容，振奋了'中国制造'从业者的信心，她坚定的表达，激励'中国制造'勇往直前、转型升级。"

著名的经济学家熊彼特先生曾经给真正的企业家下过一个定义。他写道："只有在市场经济下才有连绵不断地创新，而且创新的主体是企业家。"

这句话我们可以理解为，企业家就是将钱和其他的生产原料通过自己的有机分配，通过自己的创新和魄力进行再创造的人。而当董明珠意识到一个产业出现衰退，一个产业出现瓶颈的时刻，她第一时间察觉出问题，并将资源投入到变化或带来利润更多的领域。好的企业家，能够起到一种破坏性的创新作用，能够拯救企业于水火之中，让企业死而复生。

所以，对一个国家、一个企业来说，拥有一位真正的具备企业家精神的人，是来之不易的，永远不应该轻易罢免这类人。

回顾董明珠一路走来，她虽身为女人，却是铮铮铁骨，气概冲天，一人对抗体制带来的压力，为了坚持正义与原则不惜得罪人，为了格力发展不惜牺牲个人所有时间。带领格力走向世界，自己却只拿扣税后的200多万年薪，拒绝8000万年薪跳槽，坚守在格力的岗位上。为格力鞠躬尽瘁，却被一纸通知免去职务，在许多人认为是珠海国资委过河拆桥、卸磨杀驴之际，她却只淡淡两句"这有什么关系，我不是气量那么小的人"，不埋怨，不气馁，继续为中国制造业的发展尽心尽力。她让"好空调，格力造"享誉世界，她是中国少有的企业家，她在意的不是个人利益多少，而是中国企业的形象与发展，她要做的终极目标是当一名对得起国家和人民的民族英雄。她严格践行自己的信仰，不卑不屈，敢于谏言进策，也敢于剖析自我，更敢于与一切损害中国制造的不法人、事做顽强斗争。中国需要她这样坚守"中国制造"阵地的企业家，他们才是制造业的脊梁。

让世界恋上中国制造

大家都有一种初心,作为一名制造业者,我们要时时刻刻考虑国家的利益与消费者需求。中国有无数个品牌走向世界,中国的形象与地位才能真正领先。无论是国有还是民营企业,都不能放弃原则与尊严,要时刻牢记"中国人"这个概念,为国争气。

——董明珠

2013年，一位中东地区的销售商给了董明珠一个建议：不打"中国制造"，打"泰国制造"，产品才会卖得更好。

这句话给董明珠内心一个深深的震撼。为什么我们自己研发制造出来的好产品，在国内有非常高的知名度，是名副其实的大企业，我们的国家发展速度也是有目共睹，却连一个"泰国制造"的品牌都比不上？是我们的产品真的不好，还是国外对中国的产品有成见？

无独有偶，在新加坡，董明珠同样受到过一次这样的"待遇"。当时她逛遍了当地几乎所有的家电市场，却发现新加坡人宁愿卖自己国家早几年前已经过时的空调，却没看到一台有世界500强之称的格力空调。董明珠于是给店老板提了个建议，她希望他卖一下格力空调。

但新加坡这位店老板表示虽然知道格力空调很好，但还是很委婉地拒绝了董明珠，理由很简单，他们对自己的品牌信得过。

"我们要反省一下，改革开放这么多年，我们都干了什么，我们未来应该做什么。中国是一个大国，作为制造大国，中国出口的产品非常之多，但那不是我们的技术，不是我们的工厂。特别是去年（2015年），整个社会普遍都在讨论的问题就是马桶盖事件、电饭煲事件。有人说，这是因为中国人不爱国，不然为什么要到国外去买产品？我认为，这不是消费者不爱国，而是因为中国制造者没有爱国精神。中国很多企业把赚钱放在第一位。他们不把社会责任放在第一位。这就是'中国制造'最终被别人认为是'低质、低价'代名词的根本原因！"这两件事，让董明珠深度思索'中国制造'的意义并发出呼吁。她认为只有企业家把社会重任当回事，才有可能带领企业摆脱低质、恶劣的名声，才有可能走向世界。

谈及中国制造走向世界，董明珠说要"执念自主创新为国争光"。例如同一款产品，"德国制造"比"中国制造"要贵100欧元，但很多国家客户对于"中国制造"的认可度却普遍偏低。"中国制造"要想超过"德国制造"，就必须走自主创新、自主化道路。

2015年7月，格力集团全球首家时尚生活馆在浙江杭州开幕；9月，格力作为主策划人，邀请了包括新华社世界问题研究中心主任夏林、中国制造2025课题组研究员吴亮、中央财经大学中国企业研究中心主任刘姝威以及华中数控董事长陈吉红、徐工集团副总经理杨勇、阿里巴巴资深副总裁邵晓峰、金蝶CEO徐少春等十多位中国经济专家和企业高层汇聚珠海郊外的海泉湾酒店大宴会厅，主办了一场名为"中国品牌在行动"的中国制造业高峰论坛。

当天，除了发布格力几项新产品外，董明珠深情款款地提出了"让世界爱上中国造"的倡议，她带领这些企业家们，大谈中国制造业的未来。次日，以董明珠个人形象为主的"让世界爱上中国造"的推广信息顿时在各大朋友圈炸开了锅，并且此后不久，董明珠亲自代言的广告每天准时出现在央视里。

轮番轰炸，董明珠的言论深入人心。她更是直言不讳地谈到为什么要撤换掉原先以成龙为形象代言人的广告。而自己直接做代言的好处就在于，可以更深入地直接面对消费者，并且给消费者一个更好的承诺，让消费者绝对放心。

谈到如何实现"让世界爱上中国造"时，董明珠说："大家都有一种初心，作为一名制造业者，我们要时时刻刻考虑国家的利益与消费者需求。中国有无数个品牌走向世界，中国的形象与地位才能真正领先。无论是国有还是民营企业，都不能放弃原则与尊严，要时刻牢记'中国人'这个概念，为国争气。"

为了向人们证明，中国制造的东西并不比日本等其他国家差，董明珠曾邀请众多好友一起来见证格力电饭煲与国外另三家电饭煲之间的PK，结果毫无疑问，格力电饭煲以多票获胜。这直接说明，"中国制造"并不比别人差，差就差在我们制造的产品，从前自己坏了自己的名声。有个段子讲中国的食品：从鸡蛋中认识了苏丹红，从牛奶中认识了三聚氰胺……

我们对自己国家的人都如此下得去狠手，外国人又怎样看我们这个民族？当一个国家的企业只为赚钱，而失去做人起码的诚信，那这个国家的企业家信仰何在？一些企业不诚信、虚假宣传、货不对版、假冒伪劣，导致一些消费者对"中国制造"失去了信心，这才是令人忧心的根源所在。董明珠认为，许多企业没有积极的文化，没有奉献文化，没有挑战精神，这才是最大的危机，这种状况下的"中国制造"，定然是必死无疑的。

一个制造业不能只用营销手段来忽悠市场和消费者，一旦被披露出来，后果不堪设想。联想一下当年红遍大江南北的南京冠生园，仅仅只因为一次事故，就彻底断送掉自己所有的前程。这是必须引起每个企业家足够重视的问题。

所以，董明珠对自己产品的技术要求及技术创新上，永无止境。即使如今在新时代的互联网的挑战和冲击下，格力也在不断地寻求自我突破。近几年，格力每年投入近40亿元的研发资金，坚持自主研发，并建成了行业内独一无二的技术研发体系，组成了一支8000多名专业人员的研发队伍，拥有1个国家级重点实验室，2个国家级工程技术研究中心，7个研究院，632个实验室。仅突破光伏空调这样的全球难题，格力对技术投入就下了几十亿血本，不仅同行过来挖格力的技术人员，连美国公司也来挖人。这正说明了"中国制造"的影响力已经潜移默化得到了提升。

再回想12年前的2005年，格力差点儿就以9亿元被卖给了国外公司，这12年间的巨大变化，再次证明了董明珠的信仰是多么高尚而伟大。她说："只要忠诚于市场、忠诚于消费者，不断地创新，舍得投资，不是只赚了1个亿就收口袋就说这是我的钱物，而是有胆量把钱拿出来进行新的技术投入，取之于民，用之于民，为民造福，才可以让世界改变过去对我们低质、低价的印象，才能使中国制造业在世界上成为一个领先的制造业大国。"

2005年国家推出能效等级概念后，格力又迈上了创新与技术变革之路。不仅要造最好的空调，还要让格力多元化发展。近年来，格力以智能制造定位未来，希望自己能借力智能制造助推中国工业整体升级。

自此，格力自主研发生产的工业机器人、数控机床、光伏多联机、TOSOT零耗材、TOSOT除湿机、格力智能家居等都陆续精彩亮相。尤其格力智能家居布局比较早，自2001年起，就实现了"电话开机""短信开机""睡眠曲线""空调随身感""向日葵功能"（即当室外温度最高、空气能最充足的时候自动烧热水，能够最大限度省电）等功能。

"在智能制造领域，格力目前还只能算是个追随者。"董明珠谦虚地说，但追随者所追逐的梦想是，"格力要做的是带来整个智能制造的智能时代，而不仅仅做表面上的智能化。"

科技不断发展催熟智能家居市场，格力"e+e"智能环保家具系统是以住宅为平台，以家庭能源管理为核心，利用光伏直驱技术、网络通信技术、自动控制技术等将家居生活有关设施集成，构建高效能源的利用与家庭日程事务的管理系统，能提升居住环境的舒适性、健康性、经济性。业内推测，格力未来这一项的发展前景，又将为"中国制造"赢得全球关注。

成绩早已圆满，对董明珠来说，功成身退未尝不是一件省心又圆满的事，毕竟她今年已经62岁了，这个年纪显然已经是许多男士都可以退休的年纪。但她依然还在为格力的发展构建宏伟蓝图，谈及未来，依然雄心不减。"比如有一天中国飞机的发动机给我们制造，比如近3年来发展的模具制造，都将是格力下一步的纵深拓展领域。"

对于人生与价值，董明珠有自己的看法。她说："一个人一生里碌碌无为，活一千年也没用。世界上有极少部分人，真的是以牺牲自己为代价，让更多的人过得更好，这可能就是我们所讲的价值。"

而如今，董明珠追求的自我价值就是带领格力冲出世界，不仅让世界爱上"中国制造"，更要让世界恋上"中国制造"，离不开"中国制造"。

后记：内心强大，就没有人能打垮你

写这本书期间，我刚好正经历着一些故事。这些故事并不温存和煦，反而夹杂着难以言说的酸楚，且是同时呼啸而来，仿佛它们有心商量过要考验我一般。我时常冥思苦想，生活给予我们的是什么？佛家说，"人生有八苦"，也常听他人说，"人生不如意事十之八九"，要持有怎样的心态去面对它们，才不至于每天耷拉着一张脸，才能如同不死的凤凰般涅槃重生？其实，从某种意义上讲，我们每个人都有很虚伪的一面，我们一面大方地笑，一面偷偷地哭，总以为这样才最迷人。而如果能做到发自骨子里的开怀大笑，或于众人之前情不自禁地落泪，那样的如此大方，未免不是更具魅力。

其实，众生皆苦，谁也不例外。也许有的人苦于自己的家境贫困，奋斗无门；也许有人苦于病痛折磨，身体羸弱；也许有人苦于欲望不止，欲壑难平；也许有人受困于局势所逼，进退维谷；也许有人正迷失自我，彷徨无助……

这是一个娑婆世界，所谓"娑婆"，即"堪忍"，意为"忍受烦恼"的意思。人人都是在得与失、荣与辱、起与落之间跌宕，也在这起伏之间感受烦恼根源。

董明珠也是有烦恼的。她的烦恼，读完这本书的你一定也都已知晓。

但克服这些烦恼，她会用时很少，然后，她彻底放下、勘破、回击，并重新站起。

不禁想说一句话：能击垮我们的，从来都是我们自己。自己的内心强大了，又有谁能击垮你？

如今，董明珠笑颜如花，那个气场强大的她，又回到了公众视线。

人生如同一场修行，用智慧看透世间黑白，用内心强大成就一切美好夙愿。风雨欲催时接受现状，既能忍住困苦折磨，又能拔剑出鞘，绝地反击。起心动念间，就悄无声息铸造了另一个完全不同的世界。

世界本就复杂，若成日抱怨、嗔恨，灵魂只能越来越脆弱。若因此而毫不作为，那就只能更添烦恼。在纷繁复杂、踱步挣扎中，唯独一颗强大的心，才能让自己安然无恙。

心的力量之大超乎任何想象。我们常说，"境由心造，相由心生"，也许就是这个道理。

心为本，心是愿，心里的环境好了，才能改变外界的环境，才能以更加乐观积极的样子去面对生活，才能让生活充满快乐。

生活充满无常，从迷误到觉醒，从怯懦到强大，也许只是一个瞬间，人生从此就改变了。36岁的董明珠也许从未曾想象过自己今天的样子，那一年，如果不是她的老公不幸病逝，抛下她和年仅2岁的儿子，她的人生便不会发生翻天覆地的改变。也许那个看上去亲切又随和、腼腆又文静的贤淑女子，如今过的是一种安稳、和睦、平凡而又忙碌的小日子，像天下所有女子那样，既享受来自于家庭的温存，又能于平淡生活中甘于平淡，总之我们不会见到如今剑拔弩张、大义凛然、霸气侧漏的她。

起初进入格力工作的董明珠，也是如许多腼腆的女子一样羞涩而焦灼，她要独自一人承担所有的日常消费，要用尽全力去赚钱，以保证自己的物质生活质量。她也会为赚不到钱或者日常开支巨大而发愁，甚至连生病住院也要担心开销是不是巨大。她的心也曾狼藉一片，失去华丽的风光。

但是，也许磨砺更能激发出一个人内心潜在的力量，你不被逼到一定程度，就永远不晓得自己最大的潜能是什么，也不会有机会让它得到释放。而正是凭借着一次又一次经销与管理道路上的打磨，她在这样的锻炼中毅然收拾起忧伤，逐渐蜕变为一个真正的女战士。

与其说是蜕变，又不如说是发现。她发现了内心深处那个最真实的自己。她不愿意妥协，不愿意屈就，不愿为巨大的跳槽薪酬所折腰，更不愿被来自于市场五花八门的惨烈竞争所打倒。她的内心仿佛站着一个巨人，总能在最关键的时刻提醒她：该坚持什么，该斗争什么，又该放弃什么。

为了格力，她没有允许自己犯错过，如果非要说她犯了错，那就是她让格力亏欠了她。她放弃8000万年薪，拿着格力给她的200多万年薪，勤勤恳恳，数年如一日。她把所有光阴都奉献给这个她一心眷顾的集团，却未为自己的私人生活做一点规划。也正是这样忘我的付出，才让她成为经得起时间历练以及命运打磨的前行者。她在高压、快节奏的工作中，冷静处理一切事务，果断挥笔签下一个个利于公司发展的文件，培养一批又一批勇于创新的科技人才，以及让员工看到了一个能够时刻保持精神抖擞、永不言败、胸怀企业、无视烦恼，又越挫越勇的她。

我们都爱把人生当作一种修行。修，即内心能充盈善意，灭掉烦恼。而行，则是品透红尘，执著坚定地跨越那湾儿、沟儿、坎儿。真正的修行从来不是逃避，而是欣然接受，接受自己的无常人生，接受自己经历的一切好与坏。

董明珠做到了，她没有退缩，没有被命运所摆布，她没有停留在难过的边缘，也没有自暴自弃。相反，她跨过了人生的这道坎儿，用一种更加持之以恒的韧性，甚至是争强好胜，让自己变得更加积极乐观，让自己释放全部的能力，从而使身边的人过得更快乐、更有意义。

格力七万多名员工在她的带领下，热情澎湃地搞研发，壮志成城地为奔向千亿大公司的目标而奋进。他们的价值和梦想在董明珠的熏陶下，复苏蓬发了。

有些人表面上看很成功，但那种成功却只是一时的，或者是投机取巧而来的，不利于人类和社会的。而有些人的成功则彰显着内心境界的宽广与博大，比如董明珠。

董明珠的梦想是让格力走向世界，成为世界百强企业，是让中国的产品得到世界的瞩目和尊重，是实现自己身为一个中国人的自豪和骄傲。她格局大，她的舞台也必然越来越大。

当格力还是一家无名的小公司时，谁曾想到它今日的显赫声名与巨大成就？那时，珠海国资委已经打算将它卖掉，是董明珠摇旗呐喊，坚决要实现自己的中国梦，坚决反对唾弃自我的行为，那时她有足够的自信看得到格力今天的模样吗？也许根本就没有。她有的，只是内心的那一份坚持。

董明珠常说，人要跟自己去比。把过去的骄傲都一笔勾去，从挖掘自身缺点重新做起。因为，只有跟自己比较的人生，才是最有价值的。今天你比昨天强，就说明你今天进步了。"不积跬步，无以至千里。"你只有进步了，才能离自己的目标更近一尺，才能说明你快要成功了。而成功之后的那天，就又是一个新的起点。如此反复。

她是一个爱跟自己较劲的人,别人放弃或不愿去做的事,她却全力以赴去完成。她时刻以一个雄赳赳气昂昂的姿态出现在众人面前,她欣赏为工作卖力付出的人,却不是善于在人前讨好逢迎的人。她要为格力创造一个公平、公正的环境,却不是培养又奸又猾的人。

可往往我们生活中却严重缺乏这样的人。我们对自己的成绩感觉满足时,就习惯于沾沾自喜,或对外宣扬;我们遇到刁难与挫败时往往垂头丧气,止步不前,却忘了生活还有明天;我们碰到了有关系背景的人总是堆满笑脸,小心翼翼。我们学会了收敛内心最真实的声音,却早就回不到原本那个纯真而又开心的自己。

幸福绝不是一杯简简单单的白开水,职场拼杀更不是,它五味俱全。只有将它们尝尽了,在斗争中变得从容了,心态从此淡定自若了,这杯白开水才是甘甜可口的。

而这样的感受和成长,都源于内心的执著与强大,在偶然中学会包容,在似水流年中学会欣赏岁月的完美与缺憾,在江湖中学会永不放弃,把握并沉淀智慧,胸怀大志。

你强大了,你的人生之路也就宽阔了,原本那些让人要死要活的东西,也就都消失殆尽了。让我们生命不止,战斗不息。